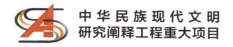中华民族现代文明
研究阐释工程重大项目

建设中华民族现代文明研究丛书

文明中国

中华文明突出特性的
考古学阐释

中国历史研究院◎编著

科学出版社

北 京

内 容 简 介

中华文明源远流长，是世界上唯一绵延不断且以国家形态发展至今的伟大文明。本书运用考古材料，实证了中华文明具有突出的连续性、创新性、统一性、包容性和和平性。中华文明的"五个突出特性"既各具特色又相生相成，共同构成了中华民族独特的内在气韵和精神品格。只有全面深入了解中华文明的历史，把握中华文明发展的规律，才能真正理解中国道路的历史必然性、文化内涵与独特优势，才能更有效地推动中华优秀传统文化创造性转化、创新性发展，更有力地推进中国特色社会主义文化建设，建设中华民族现代文明。

本书适合广大领导干部和文物爱好者参考阅读。

图书在版编目（CIP）数据

文明中国：中华文明突出特性的考古学阐释 / 中国历史研究院编著. —北京：科学出版社，2024.5
（建设中华民族现代文明研究丛书）
ISBN 978-7-03-078481-0

Ⅰ．①文…　Ⅱ．①中…　Ⅲ．①考古学—研究—中国　Ⅳ．① K870.4

中国国家版本馆 CIP 数据核字（2024）第 089576 号

责任编辑：闫向东　孙　莉 / 责任校对：邹慧卿
责任印制：肖　兴 / 封面设计：金舵手世纪

科学出版社 出版
北京东黄城根北街16号
邮政编码：100717
http://www.sciencep.com
北京中科印刷有限公司印刷
科学出版社发行　各地新华书店经销
*
2024 年 5 月第　一　版　开本：720×1000　1/16
2024 年 5 月第一次印刷　印张：18 1/4
字数：348 000
定价：158.00 元
（如有印装质量问题，我社负责调换）

总　序

　　2023年6月2日，习近平总书记到中国社会科学院中国历史研究院考察，出席文化传承发展座谈会并发表重要讲话。讲话着眼于强国建设、民族复兴，立足于赓续中华文脉、建设现代文明，对文化传承发展的一系列重大理论和现实问题作了深入系统阐述，提出了一系列新思想新观点新论断，发出了担负起新的文化使命、努力建设中华民族现代文明的时代强音。这在中华文明发展史、马克思主义文化理论发展史上都具有里程碑意义，为新时代中国特色社会主义文化建设指明了前进方向、提供了根本遵循。

（一）

　　文化关乎国本、国运。党的十八大以来，以习近平同志为核心的党中央将文化建设摆在治国理政的突出位置，坚定文化自信、秉持开放包容、坚持守正创新，不断深化对中华文明发展规律的认识、对中国特色社会主义文化建设规律的认识，丰富和发展了马克思主义文化理论，形成了习近平文化思想。

习近平总书记在文化传承发展座谈会上的重要讲话，贯通历史、现实和未来，融通中国与世界，对中华文明的突出特性进行深刻揭示，对"两个结合"的重大意义进行深刻阐述，对建设中华民族现代文明进行战略部署，蕴含着深厚的思想智慧、丰富的理论内涵和重大的方向指引。讲话标志着我们党对中国特色社会主义文化建设规律的认识达到了新高度，是马克思主义文化理论的重大创新成果，是习近平文化思想的重要内容和习近平文化思想成熟的标志。

"建设中华民族现代文明"，作为习近平文化思想的重大标识性概念和重大原创性论断，是坚持和发展中国特色社会主义的历史必然，是以中国式现代化全面推进中华民族伟大复兴的内在要求，不仅在实践层面确立了当代中国文化发展的战略目标，也必将为我们增强历史自觉、坚定文化自信、开辟中国特色社会主义广阔前景进一步增添新的优势和新的动力。

（二）

中国文化源远流长，中华文明博大精深。我国具有百万年的人类史、一万年的文化史、五千多年的文明史。中华文明是世界上唯一绵延不断并以国家形态发展至今的伟大文明，中华优秀传统文化是中华民族生生不息、长盛不衰的文化基因，也是我们在世界文化激荡中站稳脚跟的根基。习近平总书记以科学缜密的历史思维和宏阔深邃的世界眼光，从中华优秀传统文化的内在机理和重要元素中，全面系统深刻揭示出中华文明具有突出的连续性、突出的创新性、突出的统一性、突出的包容性、突出的和平性。这"五个突出特性"是对中国历史的深刻总结，科学揭示了中华文明深厚的历史底蕴，深刻阐明了中华民族的文化基因所在、精神命脉所系、价值追求所向。

中华文明的突出特性，决定了我们独特的发展道路和历史命运。习近平总书记指出："如果没有中华五千年文明，哪里有什么中国特色？如果不是中国特色，哪有我们今天这么成功的中国特色社会主义道路？"只有全面深入了解中华五千多年文明史，深刻把握中华文明的突出特性，才能真正理解中国道路的历史必然、文化内涵与独特优势，才能更有效地推动中华优秀传统文化创造性转化、创新性发展，更有力地推进中国特色社会主义文化建设，建设中华民族现代文明。

不忘本来，才能开辟未来。我们要全面客观地认识中华优秀传统文化，就要正确认识中国共产党人精神谱系与中华优秀传统文化之间的内在联系，把红色文化与中华优秀传统文化更加有机地结合起来、融合起来，在传承中华优秀传统文化中更好地赓续红色血脉。要坚持以科学态度对待传统文化，不割裂历史、不僵化保守，始终走在时代进步的最前沿。

（三）

旗帜决定方向，道路决定命运。中国特色社会主义是科学社会主义理论逻辑和中国社会发展历史逻辑的辩证统一，植根于中国大地和中华文化沃土、反映中国人民意愿、适应中国和时代发展进步要求。坚持把马克思主义基本原理同中国具体实际相结合、同中华优秀传统文化相结合，这是我们党在探索中国特色社会主义道路中得出的规律性认识，是我们取得成功的最大法宝，揭示了建设中华民族现代文明的源头活水，指明了建设中华民族现代文明的前进方向。

马克思主义是我们党推进理论创新的"魂脉"，中华优秀传统文化是我们党推进理论创新的"根脉"。习近平总书记指出："马克思主义和中华优秀传统文化来源不同，但彼此存在高度的契合性。""结合"的前提是彼此契合，相互契合才能有机结合；"结合"的结果是互相成就，造就了一个有机统一的新的文化生命体，让马克思主义成为中国的，中华优秀传统文化成为现代的，让经由"结合"而形成的新文化成为中国式现代化的文化形态；"结合"筑牢了道路根基，让中国特色社会主义道路有了更加宏阔深远的历史纵深，拓展了中国特色社会主义道路的文化根基，中国式现代化赋予中华文明以现代力量，中华文明赋予中国式现代化以深厚底蕴；"结合"打开了创新空间，让我们掌握了思想和文化主动，并有力地作用于道路、理论和制度，更重要的是，"第二个结合"是又一次的思想解放，让我们能够在更广阔的文化空间中，充分运用中华优秀传统文化的宝贵资源，探索面向未来的理论和制度创新；"结合"巩固了文化主体性，有了文化主体性，就有了文化意义上坚定的自我，文化自信就有了根本依托。创立习近平新时代中国特色社会主义思想就是这一文化主体性的最有力体现。

习近平总书记关于"两个结合"特别是"第二个结合"的重要阐述，表明我们党对中国道路、理论、制度的认识达到了新高度，表明我们党的历史自觉、文化自信达到了新高度，表明我们党在传承中华优秀传统文化中推进文化创新的自觉性达到了新高度。建设中华民族现代文明，最根本、最重要的就是坚持以习近平新时代中国特色社会主义思想为指导，沿着习近平总书记指引的方向推动文化繁荣、建设文化强国。

（四）

文化是一个国家、一个民族的灵魂。中国共产党领导人民一百多年的伟大历史，是不断探索强国复兴道路的奋斗历程，也是不断推进文化发展、文明转型的奋斗历程。党的十八大以来，以习近平同志为核心的党中央深入把握中华民族伟大复兴战略全局和世界百年未有之大变局，把文化发展列入国家"五位一体"总体布局之中，强调文化自信是更基础、更广泛、更深厚的自信，是更基本、更深沉、更持久的力量，就文化建设作出一系列新的战略部署和战略举措，引领中国特色社会主义文化开辟新的境界。

习近平总书记在文化传承发展座谈会上强调："在新的历史起点上继续推动文化繁荣、建设文化强国、建设中华民族现代文明，是我们在新时代新的文化使命。"我们所建设的中华民族现代文明，是中国共产党领导的社会主义文明，是植根中华优秀传统文化、具有中华文化主体性的文明，是借鉴吸收人类一切优秀文明成果的文明。这种新型文明既遵循人类文明发展的普遍规律，又具有鲜明的民族特色和时代特征，体现科学社会主义先进本质，代表人类文明进步的发展方向。要坚定文化自信，坚守中华文化立场，坚持走自己的路，立足中华民族伟大历史实践和当代实践，提炼展示中华文明的精神标识和文化精髓，增强传承发展中华文明的志气、骨气、底气，巩固文化主体性，实现精神上的独立自主。要秉持开放包容，树立平等、互鉴、对话、包容的文明观，以开放的姿态、包容的胸怀，广泛参与世界文明对话，更加积极主动地学习借鉴人类创造的一切优秀文明成果，融通中外、贯通古今，不断丰富和发展中华文化，不断培育和创造新时代中国特色社会主义文化。要坚持守正创新，以科学的态度对待科学，以真理的精神追求真理，以守正创新的正气和锐气，把坚守马克思主义这个"魂脉"和中华优秀传统文化这个"根脉"，融入中国式现代化的伟大实践之中，在推进中国式现代化的伟大进程中建设中华民族现代文明。

（五）

国家之魂，文以化之，文以铸之。坚持以习近平文化思想为指引，当代中国哲学社会科学必须按照建设中华民族现代文明的使命要求，紧紧围绕中国式现代化这个最大的政治，提炼出有学理性的新理论，概括出有规律性的新实践，不断推动中华优秀传统文化创造性转化、创新性发展，不断推进知识创新、理论创新、方法创新，加快构建具有中国特色、中国风格、中国气派的哲学社会科学，努力建构中国自主的知识体系，积极服务建设中华民族现代文明大局。

作为马克思主义的理论阵地、为党和国家决策服务的思想库、中国哲学社会科学研究的最高学术机构和全国哲学社会科学综合研究中心，中国社会科学院有责任、有义务在深入学习贯彻习近平文化思想、建设中华民族现代文明上走在前、作表率。习近平总书记在文化传承发展座谈会上发表重要讲话以来，中国社会科学院党组以高度的政治责任感和使命感，充分发挥学科门类齐全、人才资源集中的优势，组织实施中华民族现代文明研究阐释工程，围绕习近平总书记关于建设中华民族现代文明的重要论述，设计重大选题，设置重大项目，组建跨学科团队，从多学科视角开展理论性、综合性、基础性研究，探索建立全方位、成系统的中华民族现代文明研究体系，努力推出有思想、有价值、有分量的研究成果，努力为建设中华民族现代文明贡献智慧和力量。

为系统展示关于建设中华民族现代文明研究阐释的原创性成果，推动理论界学术界的深入交流，推进党员干部的学习思考，中国社会科学院策划推出《建设中华民族现代文明研究丛书》，作为中华民族现代文明研究阐释工程的重大项目。丛书编撰工作在中国社会科学院院长、党组书记高翔统筹指导下进行，副院长、党组成员甄占民参与组织，科研局具体实施。丛书坚持以习近平文化思想为指导，坚持政治性与学理性、思想性与知识性相统一，着力推出一批有代表性的精品力作。

习近平文化思想是一个不断展开的、开放式的思想体系，建设中华民族现代文明的伟大实践正持续深入推进，为此，丛书将秉持开放性原则，立足理论与实践的双重探索，陆续推出最新研究成果。我们真诚欢迎社科理论界同仁推荐更多相关主题的优秀成果，共同为创造属于我们这个时代的新文化、建设中华民族现代文明搭建良好平台。

敬请学界同仁和广大读者批评指正。

中国社会科学院中华民族现代文明
研究阐释工程领导小组办公室
2024 年 5 月

目 录

总　论

　　中华优秀传统文化是中华民族生生不息、长盛不衰的文化基因，也是我们在世界文化激荡中站稳脚跟的根基。中国共产党自成立以来，始终坚持守正创新，高度重视对中华优秀传统文化的继承、扬弃和发展，强调中国传统文化精华与马克思主义基本原理相结合，不断进行创造性转化和创新性发展，为实现中华民族伟大复兴提供了丰富的思想资源和文化滋养。

党的十八大以来，以习近平同志为核心的党中央在领导党和人民推进治国理政的实践中，把文化建设摆在全局工作的重要位置，高度重视中华优秀传统文化的传承和发展，不断深化对文化建设的规律性认识，强调文化自信是更基础、更广泛、更深厚的自信，是更基本、更深沉、更持久的力量，对中华文化传承发展的重大理论和现实问题作出了一系列重要论述和重要指示批示，立意高远、思想深邃，具有很强的政治性、思想性、战略性、指导性，为我们传承和弘扬中华优秀传统文化、建设中国特色社会主义文化强国指明了方向。

一、中华文明突出特性的提出，深刻揭示中华文明的深厚历史底蕴

新时代以来，习近平总书记站在全局和战略高度，就深入开展中国文明历史研究等发表一系列重要论述、作出一系列重要部署，指引中国文明历史研究、中华优秀传统文化传承发展取得显著成就，为实现中华民族伟大复兴提供了强大精神动力和坚强支撑。

建设中国特色中国风格中国气派的考古学，更好认识源远流长博大精深的中华文明。 2020 年 9 月 28 日，十九届中央政治局就我国考古最新发现及其意义为题举行第二十三次集体学习。习近平总书记指出，考古工作是一项重要文化事业，也是一项具有重大社会政治意义的工作。考古工作是展示和构建中华民族历史、中华文明瑰宝的重要工作。认识历史离不开考古学。历史文化遗产不仅生动述说着过去，也深刻影响着当下和未来；不仅属于我们，也属于子孙后代。保护好、传承好历史文化遗产是对历史负责、对人民负责。

习近平总书记强调，在历史长河中，中华民族形成了伟大民族精神和优秀传统文化，这是中华民族生生不息、长盛不衰的文化基因，也是实现中华民族伟大复兴的精神力量，要结合新的实际发扬光大。要通过深入学习历史，加强考古成果和历史研究成果的传播，教育引导广大干部群众特别是青少年认识中华文明起源和发展的历史脉络，认识中华文明取得的灿烂成就，认识中华文明对人类文明的重大贡献，不断增强民族凝聚力、民族自豪感。

把中国文明历史研究引向深入，增强历史自觉坚定文化自信。 2022年5月27日，十九届中央政治局就深化中华文明探源工程进行第三十九次集体学习。习近平总书记强调，中华文明源远流长、博大精深，是中华民族独特的精神标识，是当代中国文化的根基，是维系全世界华人的精神纽带，也是中国文化创新的宝藏。文物和文化遗产承载着中华民族的基因和血脉，是不可再生、不可替代的中华优秀文明资源。我们要积极推进文物保护利用和文化遗产保护传承，挖掘文物和文化遗产的多重价值，传播更多承载中华文化、中国精神的价值符号和文化产品。习近平总书记指出，我们要坚持马克思主义的根本指导思想，传承弘扬革命文化，发展社会主义先进文化，从中华优秀传统文化中寻找源头活水。要充分运用中华文明探源工程等研究成果，更加完整准确地讲述中国古代历史，更好发挥以史育人作用。

推进文化自信自强，铸就社会主义文化新辉煌。 习近平总书记在党的二十大报告中提出，坚持和发展马克思主义，必须同中华优秀传统文化相结合。只有植根本国、本民族历史文化沃土，马克思主义真理之树才能根深叶茂。我们必须坚定历史自信、文化自信，坚持古为今用、推陈出新，把马克思主义思想精髓同中华优秀传统文化精华贯通起来、同人民群众日用而不觉的共同价值观念融通起来，不断赋予科学理论鲜明的中国特色，不断夯实马克思主义中国化时代化的历史基础和群众基础，让马克思主义在中国牢牢扎根。

深刻把握中华文明的突出特性，深刻理解"两个结合"的重大意义，更好担负起新的文化使命。 2023 年 6 月 2 日，习近平总书记在考察中国考古博物馆时强调，认识中华文明的悠久历史、感知中华文化的博大精深，离不开考古学。考察结束后，习近平总书记在中国历史研究院出席文化传承发展座谈会，并发表重要讲话。习近平总书记指出，中华文明具有突出的连续性、创新性、统一性、包容性、和平性，只有全面深入了解中华文明的历史，才能更有效地推动中华优秀传统文化创造性转化、创新性发展，更有力地推进中国特色社会主义文化建设，建设中华民族现代文明。习近平总书记强调，在五千多年中华文明深厚基础上开辟和发展中国特色社会主义，把马克思主义基本原理同中国具体实际、同中华优秀传统文化相结合是必由之路。其中，"第二个结合"具有高度的理论原创性，是又一次的思想解放，让我们能够在更广阔的文化空间中，充分运用中华优秀传统文化的宝贵资源，探索面向未来的理论和制度创新。

中华文明的"五个突出特性"是对中国历史的深刻总结，科学揭示了中华文明深厚的历史底蕴，深刻阐明了中华民族的文化基因所在、精神命脉所系、价值追求所向。在漫长的历史进程中，中华民族以自强不息的决心和意志，走过了不同于世界其他文明体的发展历程。深刻理解和认识中华文明的"五个突出特性"，有助于我们更好地实现马克思主义基本原理同中华优秀传统文化的"第二个结合"，从而推动全党全社会增强历史自觉、坚定文化自信，坚定不移走中国特色社会主义道路，为全面建设社会主义现代化国家、实现中华民族伟大复兴而团结奋斗。

二、中华文明突出特性的考古学实证，充分展现中华文明的灿烂成就

中华文明突出的连续性深刻阐明了中华文明长盛不衰的文化基因。中华文明是世界上唯一绵延不断并以国家形态发展至今的伟大文明，根本原因就在于文化基因的连续性。在认识和理解中华文明源远流长的连续性、实证中国五千多年文明史方面，考古学具有得天独厚的优势和显著的贡献。根据考古发现与研究，中华文明的突出连续性具有十分丰富的实证证据，其中以汉字、都城营造、礼器制度、祭祀观念、玉文化等最为突出，对中华文明的形成、发展与传承影响最大。

汉字是世界范围内唯一延续至今且仍在使用的自源文字系统，是中华文明极为重要的文化基因和文化标志，更是传承中华文明的重要载体。

城市是进入文明社会最无争议的标准。中国最早成规模的城市（城邑）始于仰韶时代晚期，经由夏商周三代的发展，至秦汉魏晋时期定型，最终延续至明清时期。而都城（都邑）既是中国古代最为重要的城市，也是国家政权和文明基因的物化载体，传承、见证了中华文明的连续性。

"国之大事，在祀与戎。"祭祀自新石器时代中期开始即成为中国先民日用而不自觉的文化传统。祖先神和自然神是新石器时代起

中国各文化的主流祭祀对象，而对兼具祖先神和自然神两重神格的天神的绵延数千年的祭祀，更是中华文明"受命于天、既寿永昌"的缩影和见证。这种祭祀制度，自新石器时代起，历经夏商周三代，一直延续到中国封建王朝终结。这种惊人的连续性在世界任何文明的历史中都是绝无仅有的。

与祭祀密切相关的礼仪制度同样是中华文明连续性极为重要的物证。考古证据表明，中国新石器时代已经开始以陶器、玉器为礼器，而以二里头文化为主体的夏王朝则真正将礼器上升到了国之重器的地位。西周王朝则将礼器融入礼乐文化系统，形成了中华文明独具特色的"礼乐文明"，不仅成功塑造了中华民族礼仪之邦的国家形象，而且涵养了中华民族赓续不断的文化血脉。

与礼仪制度一样历久弥新、延续至今的是中华传统的玉文化，以透闪石玉为主体的中国真玉文化的形成已有8000余年的历史。由于玉器独特的自然属性及其与原始宗教的密切联系，玉器一跃而成为中国史前社会权力和信仰的象征，也是中华五千多年文明形成的重要物质载体。从商周时代开始，玉器所带有的宗教性因素逐渐消亡，开始被赋予高尚品德、高贵品质的精神内涵，并延续至今未曾改变。

中华文明突出的创新性深刻阐明了中华文明生生不息的发展动力。创新是一个民族进步的灵魂，是一个国家兴旺发达的不竭动力，也是中华民族最深沉的民族禀赋。与世界其他文明体系相比，中华文明自古以来在继承与创新中发展，形成了独具特色、源远流长的价值观念和文明体系，铸就了创新性的突出特质。

中华文明的创新性贯穿于中华民族整个发展历程。中华民族不仅创造了独特的宇宙观、天下观、社会观、道德观等精神文明，也创造了礼乐制度、分封制度、郡县制度、科举制度等制度文明，还创造了粮食种植、建筑力学、治玉铸铜、养蚕缫丝等物质文明。这些重大发明无一不是中华民族开拓创新、与时俱进、自强不息进取精神的有力见证。而考古学对中华民族创造的灿烂物质文明的揭示最为直观、最为鲜明、最为深刻。

以陶瓷的发明和发展为例，从史前时代到历史时期，中国先民在陶瓷制作方面的创新和进步，对世界陶瓷文化的发展产生了深远的影响。另一个典型的创造是龙形象的发明，"龙的传人"这一观念已深入全世界华人内心。"龙"这一在自然界中本不存在的形象是由中国古人创造的，根据考古发现来看，中国的龙文化至少已有8000余年的历史。辽宁阜新查海遗址广场中央发现有石块堆砌的龙形象，通长19.7米，是中国龙文化的开端。此后，红山文化、凌家滩文化、安阳殷址遗址出土玉龙及青铜器上的龙形装饰等。至夏商时期则有二里头遗址的绿松石龙、山西石楼桃花庄遗址的龙形觥等。西周以后，龙的形象与意象愈发生动和多样。龙作为中华民族的标志和象征已成为共识，正如习近平总书记所说："龙是中华民族的图腾，具有刚健威武的雄姿、勇猛无畏的气概、福泽四海的情怀、强大无比的力量，既象征着五千年来中华民族自强不息、奋斗进取的精神血脉，更承载着新时代新征程亿万中华儿女推进强国建设、民族复兴伟业的坚定意志和美好愿望。"①

中华文明的创新性激发于世界文明的交流互鉴，可以说是"自主创新"与"次生发明"相结合。中华先民除了自主创新之外，还

---

① 习近平：《在二○二四年春节团拜会上的讲话（二○二四年二月八日）》，《人民日报》2024年2月9日第1版。

积极吸收域外技术，并对其进行改造升级，使其在中华大地焕发新的风采，我们称此过程为次生发明。可以说，中华文明的创新性与世界文明息息相关，中华文明不仅充分吸收了世界文明的成果，也反哺了世界文明。

中华文明的创新性得益于发达的国家治理体系。从实证中华五千多年文明史的良渚文明中，就能窥见强大、高效的国家治理体系对于中华文明创新发展的重要意义。考古研究揭示，良渚是个超大型社会，其核心是面积630万平方米的良渚古城和外围设计巧妙且工程浩大的水利系统。良渚人要修建规模庞大的水利系统，严密组织的国家治理体系是必不可少的支撑力量。因此，国家是创新活动的直接参与者，也是重大创新活动的保障者。

中华文明突出的统一性深刻阐明了中华文明多元一体的发展历程。中华民族和中国人民在几千年的历史发展中，始终追求国家统一、民族团结、文明延续，这离不开中华文明统一性的影响。在几千年历史长河中，中国人民始终团结一心、同舟共济，建立了统一的多民族国家，发展了56个民族多元一体、交织交融的融洽民族关系，形成了守望相助的中华民族大家庭。因此，国家统一永远都是中华民族核心利益的核心。

公元前221年，秦始皇完成统一六国的伟业，建立起我国历史上第一个中央集权的统一的多民族国家，从此，在至今2245年里，虽间有分裂，但每次分裂后必然出现更为恢宏的统一王朝，中国成为世界上历史最悠长的统一的多民族国家。中华文明的统一性在考古学上的实证见于古代的城市、文字、国家治理、天文、地理、农业、水利等各个方面。

中华文明的统一性经历了不同的发展阶段，是以国家形态绵延不断传承下来的统一文明形态。夏是目前能确定的我国历史上最早的王朝国家。据文献记载，夏及之后商、西周的国家政体，是天子居中而治，分封诸侯以藩屏王室。王朝由王庭所在的内服和诸侯国形成的外服共同组成①。春秋战国时期，社会经过巨大的变动，诸侯国君逐渐掌握专制权力，先是县制出现，随后郡县制形成，中央集权制国家开始登上历史舞台②。战国晚期，秦始皇灭六国成一统，罢封建而行郡县，此后郡县制一直是我国地方行政治理的核心。最新发掘的云南昆明河泊所遗址为研究两汉时期云南的边疆治理提供了不可多得的实物资料③。不断发展、调适、巩固的中央集权，公卿百官、郡县乡里、儒表法里的制度优势，有效保证了秦汉之后古代中国虽时有王朝更迭，依然能稳健前行，即使偶有分裂，最终都会出现一个更强大的统一王朝。

中华文明的统一性是在悠久稳定的疆域中，在长期互补依存的经济基础上，在两千多年追求统一的"内向凝聚力"的共同作用下形成、发展并不断壮大。

中华文明突出的包容性深刻阐明了中华文明交融互鉴的发展格局。中华文明自古就以开放包容闻名于世，在同其他文明的交流互鉴中不断焕发新的生命力。中华文明的包容性，具有兼收并蓄、包罗万象的宽广胸怀，既有"包"的胸怀，又有"容"的智慧。中华文明的包容性在中国传统的天下观中得到了具体体现。天下一家、协和万邦的思想理念，是中华优秀传统文化的重要元素，深刻体现

---

① 顾颉刚：《史林杂识初编》，中华书局，1977年。
② 周振鹤：《中国地方行政制度史》，上海人民出版社，2014年，第8页。
③ 云南省文物考古研究所、昆明市晋宁区文物管理所：《云南昆明市河泊所青铜时代遗址》，《考古》2023年第7期。

了中国人的宇宙观和天下观，展现了中华文明开放包容的大格局和大胸怀。

自新石器时代开始，中国各地区发展出了多元丰富的考古学文化区系。它们彼此之间相互吸收，不断融合，在距今5000—4500年，逐渐形成了以中原为中心的历史趋势①。良渚融合各地区政治实践经验创造出辉煌成果，形成了早期国家，率先进入文明阶段。陶寺遗址作为华夏文明的重要源头，展现出了"熔合"四方的特质。二里头文化在形成和发展过程中，与周边文化进行了长期交流与互动，其开放与包容的特性，推动其不断汇集华夏大地早期文明的精粹，最终融汇凝聚出成熟的文明形态，使中原腹心地区率先进入王朝文明阶段。进入历史时期，中原农耕文明周边分布的游牧人群，与以汉族为主体的农耕民族之间的互动、交流和融合，构成中国古代民族发展史的主线。春秋战国时期的东胡、戎狄，秦汉时期的匈奴，三国两晋南北朝时期的鲜卑、柔然、吐谷浑，隋唐时期的突厥、吐蕃、回鹘，宋元明清时期的蒙古、契丹、女真、满族等游牧族不断吸收中原文化，或群体性迁入中原内地，为汉文化输送新鲜血液，使汉族成为一种被极大认同的族群集合，最终形成了多元一体的中华民族格局。

中华文明在漫长的发展历程中，向全世界贡献了大量自身独创的灿烂成果，同时也不断从其他文明中吸收、借鉴先进的生业方式、技术工艺，丰富了中华文明的内涵，在一定程度上也改变了中华文明的面貌形态。

通过丝绸之路进行的文化交流和贸易往来成为最能体现中华

---

① 赵辉：《以中原为中心的历史趋势的形成》，《文物》2000年第1期。

文明包容性的有力实证。张骞出使西域开辟了西汉王朝通向西域的丝绸之路，从此汉王朝在国家层面与中亚和西亚地区建立起文化联系，长距离的贸易和人员往来在这一时期呈爆发式增长，中原地区从西域诸国输入多种牲畜及物产，在考古学上有大量的发现。海上丝绸之路在汉武帝平定南越国、设置合浦等九郡后，由官方正式开通。北魏通过草原和沙漠绿洲丝绸之路，从中亚和西亚地区输入大量物产，旧都平城（今大同）出土有不少具有浓厚粟特、萨珊波斯以及东罗马风格的器物即是明证。隋唐时期是陆上丝绸之路发展的鼎盛时期，唐人以兼容并蓄、广纳百川的胸怀接受外来文化，同时亦以自信开放的姿态将大唐文化向周边四邻广泛散播。

中华文明突出的和平性深刻阐明了中华文明和合共生的价值追求。在5000多年的文明发展中，中华民族一直追求和传承着和平、和睦、和谐的坚定理念。以和为贵、和而不同、化干戈为玉帛、天下大同等理念在中国世代相传。中华文明的和平性根植于中华五千多年的文明积淀中，中国传统文献中有着大量的有关"和平"思想的记载，爱好和平的思想和理念深深扎根在中华民族的文化基因中。

百年中国考古发现与研究表明，中华文明在其文明发展历程中逐渐形成了突出的和平性。四五千年前的中华文明已萌生和平性。秦汉以降，随着大一统的逐渐完成和丝绸之路尤其海上丝绸之路的兴起，中华文明的和平理念走向世界。丝绸之路不仅仅是经济贸易之路，也是世界上不同国家、地区在和合理念之下的文化交流之路，更是中国与世界交往的和平之路。6—8世纪丝绸之路河南道上出土丝织品、金银器、木棺板画及佛教石刻造像中蕴含的粟特文化因素，反映了粟特人与吐蕃之间的交往和联系。

近些年，与海上丝绸之路相关的考古遗迹陆续被发现和发掘。2007年整体打捞的广东阳江海域南海Ⅰ号南宋沉船，出水文物多达18万件①。广东汕头南澳Ⅰ号明代晚期沉船出水瓷器近3万件②。此外，浙江温州朔门宋元时期古港遗址、泉州宋元明时期市舶司遗址、上海青龙镇唐宋时期古港都是海上丝绸之路上除了沉船外的重要考古发现，实证了海上丝绸之路的接续发展和繁盛。明永乐年间，郑和先后7次下西洋，是15世纪上半叶世界航海史上的空前壮举，先后到访印度洋和太平洋沿岸的36个地区或国家，极大拓展了海上经济与文化通道。郑和下西洋没有暴力和掠夺，没有征服和殖民，与沿途各国建立了友好平等交往关系，解决了沿途诸国间种种复杂矛盾，努力营建和平局势。

在这种多元的经济、文化交流互动之中，少数民族和中原王朝都得到了快速发展，更为具有强大融合能力的中国文化不断注入持续发展动力。同时，丝绸之路在客观上促进了青海、甘肃、四川等地少数民族文化的和平发展与进步。不仅如此，作为一种特殊的文化形式，域外宗教也经丝绸之路传入中国，正是因为中华文明崇尚和平的特质与理念，在历史上的各个阶段，不同宗教之间基本保持着和平相处的状态。中国成为世界上至今没有发生过大规模的宗教战争且多宗教并存的国家。这与西方世界"大航海时代"以掠夺、奴役、殖民、征服为主题和目的形成鲜明对比。

---

① 国家文物局水下文化遗产保护中心、广东省文物考古研究所、中国文化遗产研究院、广东省博物馆、广东海上丝绸之路博物馆：《南海Ⅰ号沉船考古发掘报告之二——2014—2015年发掘》，文物出版社，2018年。

② 广东省文物考古研究所、国家水下文化遗产保护中心、广东省博物馆：《广东汕头市"南澳Ⅰ号"明代沉船》，《考古》2011年第7期。

三、中华文明"五个突出特性"相生相成，深刻揭示中华文明演进发展的内在机理

中华文明的"五个突出特性"既各具特色又相生相成，是紧密联系的有机整体。在五大突出特性中，中华文明的连续性居于首要地位，表明其具有更为突出的重要性。

支撑5000多年中华文明延绵至今的连续性，是植根于中华民族血脉深处的文化基因。中华文明突出连续性是中华文明的直观特性，具有区别于世界其他古代文明的最显著的特征。中国历史的基本国情是"超百万年的文化根系，上万年的文明起步，五千年的古国，两千年的中华一统实体"；在世界范围内，"没有哪一个像中国如此之大的国家有始自百万年前至今不衰不断的文化发展大系"①。连续性更加坚定了中华民族的文化自信。中华文明的连续性不仅是中华民族历史的延续，更是一种精神的传承和文化的积淀。几千年来，中华民族在经历了各种风风雨雨后，依然能够保持着对自己文化的坚定信心，对自己民族的自豪感。

中华文明连续性的突出地位并不能掩盖创新性、统一性、包容性、和平性等其他特质，它们紧密联系，互为表里，共同构成了中华民族独特的内在气韵和精神品格。

连续性是创新性的基础与保障，创新性是连续性的内在动力。文化如果没有连续性，创新性就失去了根基和方向，而没有创新性，文化也就失去了前进的内生动力。连续性丰富了统一性的时间

① 苏秉琦：《中国文明起源新探》，辽宁人民出版社，2011年，第152页。

内涵，而统一性不仅为连续性提供了空间保障，还是中华文明连续发展的前提和保障。连续性为包容性提供了现实条件，包容性决定了连续性的历史取向。中华文明始终在同其他文明的交流互鉴中不断焕发新生，在开放包容、兼收并蓄中绵延传承。连续性使中华民族形成了爱好和平、珍视和平的文化品格，和平性又进一步延续、发展、确保了中华文明的生生不息。

创新性丰富了包容性的深度和广度，包容性拓展了创新性的内涵和底蕴。中华民族自古就崇尚创新，并以创新精神不断进行物质文明创造、精神文明创新和政治文明创建，不仅在天文、地学、数学、医学、农学、丝绸编织、金属冶炼、造纸、雕版印刷、瓷器烧造、建筑技术等多个领域为世界贡献了无数科技创新成果，而且也在哲学、政治制度、文学艺术等多个领域展示出蔚为大观的文明成就，从而使得中华文明在很长的历史时期内作为最繁荣最强大的文明屹立于世。中华文明所取得的创新性成果不断吸引外来文化的融入，提升了中华文明包容性的深度和广度，丰富了中华文明包容性的内涵和底蕴，成就了中华文明博大精深的特质。物并育而不相害，道并行而不相悖，坚持思想上的开放包容，兼收并蓄，是实现真正创新的必由之路。中华文明在漫长的发展历程中，向全世界贡献了自身独创的灿烂成果，同时也提倡开放包容、交流互鉴，积极从其他文明中吸收、借鉴先进的生业方式、技术工艺和文化思想等，以我为主，为我所用，成为各相关领域继续创新的源泉，进一步促进了中华文明的发展与繁荣。

统一性是和平性的有力保障，和平性是统一性的必然追求。统一性不仅指地理疆域的完整，更意味着文化认同的一致性和社会秩序的稳定。在中华文明形成与发展的历史长河中，国家统一被视为实现长治久安、促进社会和谐的重要条件。没有国家统一，就没有长久和平，统一性为和平性提供了有力保障，它使得不同民族、不同地区能够在共同的文化认同下，形成强大的凝聚力和向心力，使得中华文明能够在多元一体的格局中实现持久的和平与稳定。和平性是统一性的自然追求。秦始皇在完成统一后，登临琅琊山（今山东省胶南市南），修琅琊台，勒石以颂扬他统一中国的功绩，其铭文记曰，"皇帝并一海内，以为郡县，天下和平"，"黔首安宁，不用兵革。六亲相保，终无寇贼"。可见，秦始皇完成统一追求的正是"天下和平"。时至今日，追求基于国家统一之上的持久和平依然是中华儿女共同的理想和追求。

包容性是孕育和平性的土壤，和平性是包容性的生动体现。中华文明历来主张"和而不同"，尊重不同民族和文化的差异性，通过对话交流、互学互鉴实现和谐共处。这种开放包容精神为不同文明之间的和平交流奠定了基础。汉代张骞"凿空"西域，架起了东西方文明交流的官方桥梁。唐代玄奘西行取经，展现了中国人学习域外文化的坚韧精神，而大唐与70多个国家通使交好，创造了万国衣冠会长安的大国气象。明代郑和七下西洋，足迹遍及亚非30多个国家和地区，充当了"海上丝绸之路"的文明使者，留下了中国同沿途各国人民友好交往的佳话。在中国同域外的交流交往中，各国文化和物产也纷纷传入中国，为中华文明所包容吸收，丰富和发展了自身的文明内涵。中华文明本质上是一种和平的文明，中华文明有能力在外来威胁下保存自己，但没有兴趣威胁别人。因此，历史上中国强盛时期也很少对外扩张侵略，而是通过和平方式与周边国家开展交流合作。爱好和平的思想和理念深深扎根在中华民族的文化基因中，具有博大精深的内涵和底蕴独特的品质，这是中华文明具有突出包容性的生动体现。

四、把握中华文明突出特性，充分认识中华文明的时代价值

文明立世，文化兴邦。习近平总书记指出："如果没有中华五千年文明，哪里有什么中国特色？如果不是中国特色，哪有我们今天这么成功的中国特色社会主义道路？"[①]只有全面深入了解中华五千多年文明史，深刻把握中华文明突出的连续性、创新性、统一性、包容性、和平性，不断深化对中华文明发展规律的认识，才能真正理解中国道路的历史必然性、文化内涵与独特优势，才能更有效地推动中华优秀传统文化创造性转化、创新性发展，更有力地推进中国特色社会主义文化建设，建设中华民族现代文明。

中华文明的连续性，从根本上决定了中华民族必然走自己的路。具有突出连续性的中华文明，为中华民族生生不息、发展壮大提供了丰厚滋养。从古至今，中华文化一直以其丰富多彩的传统为世人所瞩目。在这个传统中，蕴含着丰富的哲学智慧、人文精神、道德理念、艺术创造和社会制度，这些元素构成了中国文化的核心。例如，儒家思想强调仁义礼智信五德，成为中国社会道德观念的重要基石；道家思想提倡顺应自然、无为而治，影响了中国人的处世哲学；佛教的传播展现了中国社会的开放包容，形成了多元文化交融的局面。同时，中国的传统艺术形式如诗词、书法、绘画、戏曲等也承载着深厚的文化底蕴，传承至今。通过深入挖掘这些

---

① 习近平：《在文化传承发展座谈会上的讲话（2023年6月2日）》，《求是》2023年第17期。

传统文化的精华，我们不仅能够更好地理解中国人民的思想观念和行为方式，还能够从中汲取智慧，为当代社会的发展提供启示和借鉴。

实现中华民族的优秀传统文化创造性转化、创新性发展，让中华文化展现出历久弥新的魅力。 创新性是中华文明的内在品格，从根本上决定了中华民族守正不守旧、尊古不复古的进取精神，决定了中华民族不惧新挑战、勇于接受新事物的无畏品格。在五千多年文明发展中孕育的中华优秀传统文化，是中华民族长盛不衰的文化基因，也是实现中华民族伟大复兴的精神力量。中华优秀传统文化创造性转化、创新性发展的过程，在本质上就是推进马克思主义思想精髓同中华优秀传统文化相结合的过程。知常明变者赢，守正创新者进。回望过去的一百年，我们党在不同历史时期，始终坚持守住马克思主义基本原理之"正"，同时又不断以创新的理念和思维推进其与中国具体实际及中华优秀传统文化有机结合，从而领导全国各族人民不断战胜各种艰难险阻，不断创造了中国革命、建设、改革和新时代的伟大成就，迎来了实现中华民族伟大复兴的光明前景。面向未来，只有充分运用中华优秀传统文化的宝贵资源，探索面向未来的理论和制度创新，才能更好推进中华民族现代文明建设。

铸牢中华民族共同体意识，为推进中国式现代化凝聚民族复兴的磅礴力量。 统一性是中华文明的内在规定，从根本上决定了中华民族各民族文化融为一体、即使遭遇重大挫折也牢固凝聚，决定了国土不可分、国家不可乱、民族不可散、文明不可断的共同信念，决定了国家统一永远是中国核心利益的核心，决定了一个坚强统一的国家是各族人民的命运所系。中华文明是生活在中华大地上的各民族共同创造的，各民族共同坚守的理想信念、共同经历的奋斗历程、共同培育的民族精神，铸就了辉煌灿烂的中华文明。几千年的沧桑岁月，把我国当今56个民族、14亿中华儿女紧紧凝聚在一起。在漫长的历史进程中，中华民族虽历经磨难，但向往统一、反对分裂、天下一家、同源共祖的历史认同观念贯穿整个中华民族的发展史，推动中华民族一次次战胜灾难、一次次渡过难关。这使得中国这个统一的多民族国家不断巩固和发展，中华文明历经曲折而不断流。因此，只有铸牢中华民族共同体意识，用正确的国家观和民族观涵育中华民族现代文明，为推进中国式现代化找到最大公约数、画出最大同心圆，才能为实现中华民族伟大复兴汇聚起磅礴的时代力量。

坚持兼收并蓄，积极主动地学习借鉴世界一切优秀文明成果。中华文明的包容性，从根本上决定了中华民族交往交流交融的历史取向，决定了中国各宗教信仰多元并存的和谐格局，决定了中华文化对世界文明兼收并蓄的开放胸怀。中华文明的包容性是其长盛不衰、持久繁荣的主要原因之一，只有对不同民族、宗教、生业形态的融合和吸纳，才能保持文化连续性和持久生命力。中华文明的持久繁荣也体现了其强大的向心力、凝聚力和文化自信，两者互为因果。因此，我们应坚持改革开放，秉持开放包容的胸怀、推动文明互鉴，广泛吸收借鉴人类文明成果，不断丰富交流内容，拓展多边合作渠道，以文明交流超越文明隔阂、文明互鉴超越文明冲突、文明包容超越文明优越，同国际社会一道，努力开创世界各国人文交流、文化交融、民心相通新局面，让世界文明百花园姹紫嫣红、生机盎然。

高扬和平、发展、合作、共赢的旗帜，在坚定维护世界和平与

发展中谋求自身发展，坚持以自身发展更好维护世界和平与发展。 和平性是中华文明的价值取向，决定了中国始终是世界和平的建设者、全球发展的贡献者、国际秩序的维护者，决定了中国不断追求文明交流互鉴而不搞文化霸权，决定了中国不会把自己的价值观念与政治体制强加于人，决定了中国坚持合作、不搞对抗，决不搞"党同伐异"的小圈子。国际社会发展到今天，各国相互联系、相互依存程度加深，越来越形成你中有我、我中有你的命运共同体。谋和平、求发展，既是各国人民的共同期盼，也是滚滚向前的时代潮流。不同于充满了暴力、侵略和掠夺的西方现代化，中国式现代化是走和平发展道路的现代化，坚持和平、和睦、和谐的价值追求，坚持合作共赢不搞零和博弈，不仅希望自己发展得好，也希望世界各国人民都能拥有幸福安宁的生活。

习近平总书记在文化传承发展座谈会上强调："在新的历史起点上继续推动文化繁荣、建设文化强国、建设中华民族现代文明，是我们在新时代新的文化使命。"[①]新时代新征程上，我们更加需要从中华优秀传统文化中寻找源头活水，从中华文明中汲取智慧和力量，不断夯实马克思主义中国化和时代化的历史基础和群众基础，让马克思主义在中国牢牢扎根。中国考古更要以"大考古"的工作思路，回应时代所需、人民所盼，要涵养家国情怀、秉承考古学的初心使命、秉承"兴史救国、兴史报国"的学术传统，深刻认识考古工作的重大社会政治意义。考古工作者要胸怀两个大局，树立大历史观，从历史长河中分析演变机理、探究历史规律，提出因应的

---

① 习近平：《在文化传承发展座谈会上的讲话（2023年6月2日）》，《求是》2023年第17期。

战略策略，为增强党和国家工作的系统性、预见性、创造性贡献考古智慧和力量；要以更宽广的视野、更长远的眼光把握世界历史的发展脉络和正确走向，认清我国社会发展、人类社会发展的大逻辑大趋势，把握中国式现代化的历史沿革和实践要求，全面系统地提出解决现实问题的科学理念、有效对策，为建设中华民族现代文明作出考古贡献。

绵延不绝　熔铸古今
——中华文明的连续性

　　中华文明具有突出的连续性。中华文明是世界上唯一绵延不断且以国家形态发展至今的伟大文明。这充分证明了中华文明具有自我发展、回应挑战、开创新局的文化主体性与旺盛生命力。深厚的家国情怀与深沉的历史意识，为中华民族打下了维护大一统的人心根基，成为中华民族历经千难万险而不断复兴的精神支撑。中华文明的连续性，从根本上决定了中华民族必然走自己的路。如果不从源远流长的历史连续性来认识中国，就不可能理解古代中国，也不可能理解现代中国，更不可能理解未来中国。

（摘自习近平《在文化传承发展座谈会上的讲话（2023年6月2日）》,《求是》2023年第17期）

中华文明具有突出的连续性，距今约5800年开始，中华大地上各个区域相继进入了加速迈向文明社会的进程。中华文明的起源和早期发展是一个从满天星斗到多元一体的过程，在长期交流互动中相互促进、取长补短、兼收并蓄，最终融汇凝聚出以夏代中晚期二里头文化为代表的文明核心，开启了夏商周三代文明。从此，纵然王朝变换，中华文明的内核与实质始终贯通如一，成为世界上唯一绵延不断且以国家形态发展至今的伟大文明。

一、连续性的考古学实证

考古学是一门"透物见人"的学问，在实证中华文明的连续性方面，考古学具有得天独厚的优势，诸多"日用而不觉"的物质文化深深融入中华文明之中，既是中华文明连续性的突出体现，也是中华文明连续性的重要保障。

1.文字基因

汉字是世界范围内唯一延续至今且仍在使用的自源文字系统，是中华文明的重要标志，也是传承中华文明的重要载体。从时间上来看，殷墟甲骨文已经处于商代晚期，整体呈现出十分成熟、系统的面貌，此时绝非中国文字的起始阶段。早在新石器时代中期，诸多遗址中频繁发现契刻、绘制的符号，如属裴李岗文化的贾湖遗址便发现了16例契刻符号，其中有形体近似甲骨文的"目""日"等字（图1）；甘肃秦安大地湾文化的彩陶钵上绘有"↑""+"等符号。考古发现表明，几乎较具规模的遗址都能见到类似的契刻、绘制符号。这些符号与殷墟甲骨文究竟有何关联，还有待更多的研究。不过，根据东汉许慎提出的汉字构型的"六书说"，其中"指事"和"象形"是最为原始的造字方法，新石器时代的表意符号大都与之契合。以此而言，将新石器时代出现的诸多表意符号认定为汉字形成的基础，并不为过。

距今4300—3800年、被认为是尧都的山西襄汾陶寺遗址就曾发现毛笔朱书"文邑"二字的陶扁壶（图2）；商代中期都城河南郑州小双桥遗址中也数次发现写在陶器之

图1　河南舞阳贾湖遗址出土"目"字龟甲

图2　山西襄汾陶寺遗址出土朱书陶扁壶

上的文字，与甲骨文已无差别。

殷墟是甲骨文的故乡。1899年秋，晚清学者王懿荣、王襄、孟广慧最早发现甲骨文，被历史尘埃湮没3000年后，一片甲骨惊天下（图3）。甲骨文与居延汉简、敦煌文书、故宫内阁大库档案，被视为中国近代学术史四大发现。截至目前共发现约15万片刻辞甲骨，基本都出土于殷墟宫殿宗庙区范围内。殷墟甲骨文主要是商代王室占卜祭祀的记录，内容涉及当时社会生活的诸多方面，包括祭祀、战争、田猎、收成、疾病、天气等，是研究商代历史最重要、最直接的资料。

2019年，习近平总书记在致甲骨文发现和研究120周年贺信中指出，"殷墟甲骨文的重大发现在中华文明乃至人类文明发展史上

图3　河南安阳殷墟遗址出土刻辞甲骨

具有划时代的意义"①。2022年10月28日，总书记考察安阳殷墟时进一步指出，"殷墟出土的甲骨文为我们保存3000年前的文字，把中国信史向上推进了约1000年"，"中国的汉文字非常了不起，中华民族的形成和发展离不开汉文字的维系"②。

3000多年，风云际会、王朝更替，但汉字始终是中华文明的载体（图4），是构建与维系中华文明的关键。可以说，每一个甲骨文字都堪称中华文明参天大树的根脉。

与世界上大多数纯表音文字不同，由甲骨文字演化而来的汉字既有少量的纯表意文字，也有大量的音义兼备的形声字。由于汉字是维系王权的重要工具，因此汉

图4 何尊及铭文

---

① 《习近平致甲骨文发现和研究120周年的贺信》，《光明日报》2019年11月3日第1版。

② 习近平：《加强文化遗产保护传承 弘扬中华优秀传统文化》，《求是》2024年第8期。

字必然是超越方言性与地域性的。秦始皇统一文字的重要举措则为文字超越方言和地域性提供了强有力的保障。数千年来，中华民族多元一体格局的形成发展，很大程度上正是得益于各民族能够以通用的汉语言文字进行不断深化的交往交流交融。

2. 都城营造

国内外学界曾长期将冶金术、文字和城市视为进入文明社会的三要素，但随着世界各地文明起源研究的积累，学者们逐渐认识到冶金术和文字可能并不是进入文明社会的必要判断标准。然而城市这一标准却仍然需要重视，因为城市的出现和发展背后反映的是共同体的人力资源水平和行政规划能力，能够有效体现该群体的文明化程度。

距今9000—7000年的新石器时代早中期，各地已出现环壕聚落，但规模都不甚大。从距今5800年左右的仰韶时代晚期开始，各地逐渐出现城垣加城壕的城邑，此后，这种模式成为古代城市防御系统建筑的基本模式。随着时代的发展、政体统治能力的提升，原本仅是"水沟"的壕变成了"护城河"、仅是"土墙""土垒"的垣变成了高大"城墙"，并由此发展出了两重城墙即城与郭。换句话说，中国古代城市防御系统的建设自新石器晚期开始成型，经由夏、商、周三代的发展，至秦汉魏晋时期定型，最终成为延续至明清时期的具有完整连续性的中国古代城市建设模式。

《周礼·天官·冢宰》云："惟王建国，辨方正位，体国经野。"《考工记·匠人》则详细记载了匠人"建国""营国"的城址选定标准、技术手段、都城的规划原则等。这些城市建设的观念和方法并非仅是东周时人们向壁虚造的理想观念，而是自新石器时代以来城邑、城市建设长期实践得来的经验总结。

  在距今5000年前后，南方地区的良渚文化和屈家岭－石家河文化兴起了建设大规模城邑的风潮。其中，良渚文化古城内城平面略呈圆角长方形，总面积近300万平方米。城墙宽20—150米，高约4米，城墙内外侧多有壕沟，共发现8座水门和1座陆城门（图5）。发掘者认为，良渚古城内外结构层次分明、布局有序，核心区分别由内城、城墙、外郭城构成，城外则主要为祭坛、墓地和大型水利设施，与历史时期"宫城—皇城—外郭城"结构相似，是中国乃至东亚地区早期城市规划的典范[①]。

图5 浙江余杭良渚古城遗址平面图

---

  ① 宋姝、刘斌：《良渚古城：中华5000多年文明史的实证之城》，《自然与文化遗产研究》2020年第3期。

此后，各地区域性中心聚落基本都采用了以突出内城政治性、礼仪性建筑为核心的内外布局，而这一布局模式的集大成者便是夏代二里头都邑（图6）。二里头遗址以道路网络为框架划分都邑内部不同功能区的城市建筑理念，影响了自夏代起直至明清时期都城、城邑的建设，也使得这样一种建筑理念逐渐由观念变为思想、由思

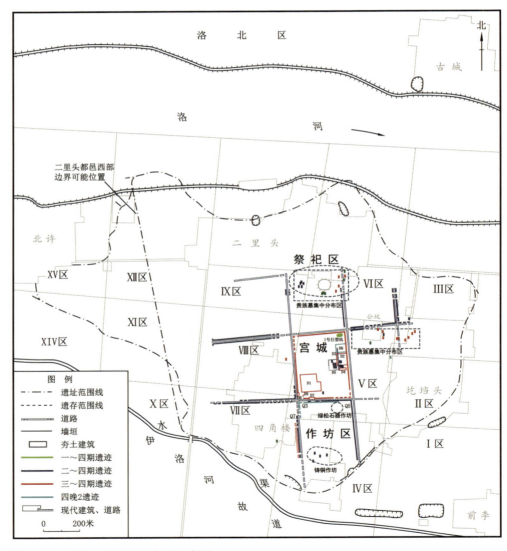

图6　河南偃师二里头遗址布局示意图

想变为制度。如学者们普遍指出的，中国古代的都城布局制度从内外城的结构开始，一直延续至魏晋洛阳城；而自南北朝时期起，又在此基础之上变为宫城、皇城、郭城的"三城制"，一直沿袭至明清北京城。可以说，都城营造制度是中华文明突出的连续性最为明显、最为直观的表征之一。

3. 器以藏礼

"礼"的内涵极为丰富，它既是古人冠、婚、丧、祭等日常活动的规范，也是"明贵贱、辨等列"的普遍规则，更是统摄个人内在伦理道德的精神指导。可以说，"礼"是中华文明最为重要的因素之一。

正如文明的发展是一个循序渐进的过程，礼仪制度的形成也并非一蹴而就，仅从上述礼的三个层次来说，前二者形成的时间最早，最后的升华则需要经过前两方面的长期实践才能得以实现。从文明的发展进程来看，当社会出现较为明显的分化时，便会出现能够象征身份与地位的礼器，进而形成相应的礼仪制度。根据"中华文明探源工程"的最新成果，良渚文化已经出现了较为初级的礼制，而到了龙山时代，黄河中下游地区各文化则开始形成了较为成熟的礼制[①]。

器以藏礼是中国礼仪思想中的重要一环，在中国古人看来，礼仪实践中的礼器并不仅仅是容器、载体，器物本身便蕴含着礼仪精神，礼器即礼的具体呈现。考古证据表明，中国新石器时代已经开

---

① 王巍、赵辉：《"中华文明探源工程"及其主要收获》，《中国史研究》2022年第4期。

始以陶器（图7）、玉器为礼器，而以二里头文化为主体的夏王朝则真正将礼器上升到了国之重器的地位。

二里头文化是中国青铜时代的开端，最为重要、对后世影响最为深远的便是其所构建的青铜礼器制度。目前，二里头遗址出土的青铜礼器包括爵、盉（图8）、斝、鼎、牌饰、铃、戚、戈、钺、刀、圆形器等，这些青铜礼器共同构成了夏王朝青铜礼器群。以重要性而言，爵、斝、盉、鼎显然是二里头文化最为核心的青铜礼器组合。

图7　山东临沂大范庄遗址出土蛋壳黑陶高柄杯

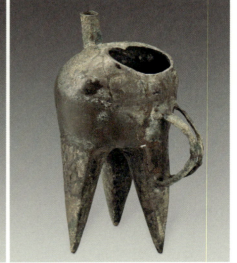

图8　河南偃师二里头遗址出土青铜爵、盉

从器类来说，爵、斝、盉都属于酒器，因此，二里头文化的青铜礼器组合可称之为"重酒组合"。二里头文化的青铜礼器制度同样经历了从草创到成熟的历程，在二里头文化三期之际，青铜酒器基本取代了此前的陶酒器，表明此时已经完全建立起了以青铜酒器为核心的夏王朝礼器制度，"重酒组合"显然是二里头文化先民特别是贵族阶层有意构建与选择的结果。二里头文化礼器由陶器转向青铜器并不仅仅只是材质的变化，背后更体现出夏王朝对于青铜冶铸技术的全面掌握与提升，以及对于青铜资源的完全掌控，是夏王朝统治能力与治理模式成熟的反映。

商王朝在代夏兴起之后，不仅沿用了二里头遗址的铸铜作坊，还承继了夏王朝所构建起的"重酒"青铜礼制。根据出土情况，商王朝早期的青铜器种类主要包括鼎、鬲、斝、爵、觚、盉、罍和盘等。其中，爵、斝数量最多，从随葬情况来看，当时已经形成了以爵、斝为核心的青铜酒礼器组合。另外，鼎（图9）、鬲亦较为突出，这是与二里头文化较为明显的区别。鼎、鬲皆为食器，由此看来，商王朝早期实际上发展出了一套以爵、斝等酒器为核心，以鼎、鬲等食器为辅的青铜礼器组合，进一步完善了自夏代兴起的礼器制度。

除器类与组合，青铜纹饰的丰富与华丽则是早商青铜器的另一大突破。二里头文化青铜器仅在器身装饰简单的弦纹，整体来看几乎可称得上素面。而早商文

图9 河南郑州商城遗址出土青铜方鼎

化青铜器则不然，商人用兽面纹、云雷纹、联珠纹等纹饰装饰各类青铜器。其中，兽面纹华丽、繁复，极大提升了青铜器的视觉冲击力，进一步彰显出青铜礼器的威严、庄重。复杂青铜纹饰的出现不仅是夏商先民祭祀观念差别的体现，也反映出商王朝青铜冶铸技术的进一步提升。

商王朝晚期即殷墟时期在此前各时期基础之上，造就了中国青铜文化的第一个高峰。得益于殷墟考古发掘与研究工作的深厚积累，无论数量还是种类，今天所能见到的殷墟青铜器异常丰富。以功用为标准，殷墟青铜器大致可分为酒器、食器、水器和杂器，以前三者最为重要，也最能反映殷墟青铜礼器制度。其中，酒器主要包括爵、觚、斝、尊、角、瓿、壶、盉、卣、罍、彝、觯、觥、斗等，食器包括鼎、簋、鬲、豆、甗等，水器包括盘、盂等。

酒器仍是殷墟青铜器之大宗，商王朝晚期同样沿袭了"重酒组合"的青铜礼器制度。根据考古发掘可知，商代晚期进化出以觚、爵为核心的青铜礼器制度，通过随葬不同套数的青铜觚、爵以体现墓主人生前的身份与地位，青铜觚、爵套数愈多，与之相配的青铜器也愈丰富。以武丁妻妇好之墓为例，该墓共出土210件青铜礼容器（图10），其中青铜觚53件、青铜爵40件（依据铭文与形制的不同，这些青铜觚和爵可以细分为多套，一套最多10件），而高等级贵族亚长之墓共出土40件青铜礼容器（图11），其中有9套青铜觚、爵。

按照传世文献的记载，商人好饮酒且最终因酗酒而失国，考古发掘也确实发现了众多的酒礼器，但从整体青铜器组合来看，以青铜鼎、簋、甗为代表的青铜食器在殷墟青铜礼器制度中同样占据着较为重要的地位。可以说，商王朝晚期仍然延续了早期酒器为主、

图10 河南安阳殷墟妇好墓出土青铜觚、爵、鸮尊、三联甗、偶方彝

图11 河南安阳殷墟亚长墓出土青铜牛尊

食器为辅的礼器制度，只不过这一时期的酒器在数量和种类上都太过突出。

进入西周后，周人禁绝商人饮酒之风，在青铜礼器制度的建构中开始摒弃酒器而推崇食器，并发展出了以青铜鼎、簋为核心的"重食组合"。至此，从夏王朝二里头文化开始建立起的"重酒组合"礼器制度转变成为"重食组合"礼器制度，而随着西周王朝对于礼仪制度的系统性探索与建构，最终形成了中华文明独具特色的"礼乐文明"，以"重食组合"为核心的礼器制度从此成为中国赓续不断的礼仪文化传统之一。

然而，"重酒组合"的历史烙印也并未从此完全消亡。自西周起，划分社会身份等级的制度被称为"爵制"，而"爵"正是夏代二里头文化青铜礼器制度中的核心酒器，也是商王朝贵族彰显身份与地位最为重要的青铜礼器。爵与爵制的关系是"重酒时代"在"重食时代"延绵不绝的回响，反映出夏商礼器制度强大而悠远的影响力。

4. 祭祀观念

《左传·成公十三年》云："国之大事，在祀与戎。"可见祭祀在时人心目中的地位。实际上，早在"国家"起源之前，祭祀就已经是先民最为重要的事务之一。根据目前的考古发现，在距今8000—7000年的新石器时代中期已经发现较为明确的祭祀遗迹，主要集中于东北地区、黄河中游和长江中游地区；从新石器时代晚期开始，各地的祭祀遗存激增，反映出此时各地考古学文化社会发展水平的显著提升。

在新石器时代祭祀遗存中，红山文化和良渚文化的相关遗存尤为引人瞩目。红山文化牛河梁仪式性中心遗址分布着祭坛、积石冢、"女神庙"，随葬包括玉猪龙、勾云形器、斜口筒形器、鸟、昆虫、玉人等具有宗教内涵玉器的大型墓葬；赤峰兴隆沟遗址出土了整身陶人（图12）。这些都反映出红山文化高度发达的神灵信仰与完善的祭祀制度。

图12　辽宁朝阳牛河梁遗址出土泥塑女神头像、内蒙古赤峰兴隆沟遗址出土整身陶人

良渚文化最具代表性的祭祀遗迹，便是分布于良渚文化遗址群的祭坛。祭坛以土筑为主，一般建在人工营建的土丘高台或自然形成的土墩上，或呈方形，或呈圆形分布于环太湖流域的良渚文化诸遗址之中。而最能反映良渚文化祭祀信仰的器物同样是玉器。规格最高的反山墓地12号墓被认为是国王级高等级贵族墓葬，共出土600余件（组）玉器，其中以"玉琮王""玉钺王"体量最大、制作最为精美。表面雕刻着精美的"神人兽面纹"的玉琮呈现出内圆外方的造型（图13），这一造型被普遍认为蕴含了良渚先民"天圆地方"的宇宙观，而神人兽面纹则可能代表着自然神与祖先神的综合

图13　浙江余杭反山12号墓出土玉琮及其神徽

体。总之，从相关祭祀遗存来看，良渚文化同样拥有着发达的祭祀观念与制度。

实际上，玉器不仅是红山文化和良渚文化最具代表性的器物，自新石器时代晚期开始，它几乎成为所有中国各地考古学文化的通行仪式性物品。因此，有学者提出，玉器是中华文明早期阶段最具代表性的器物，中华文明存在一个"玉器时代"。进入青铜时代，玉器在祭祀方面的尊贵地位逐步让位于青铜器，但作为仪式性和装饰性器物的贵重特性却一直得到了延续，并生发出了如"君子比德于玉焉，温润而泽"（《礼记·聘义》）的道德化含义，使得玉器的生命力延续至今。

从文明发展阶段来说，青铜时代是中国王朝时代的开始，国家统治范围与能力也远非新石器时代诸文化可以相比。但就祭祀观念与制度而言，青铜时代与新石器时代并不存在根本性差别。对于祖先神和自然神的祭祀，仍然是这一时期最为主要的祭祀。殷墟甲骨文的存在，使得今天的我们能够更加详细、准确地了解商人祖先神和自然神的构成。

根据甲骨卜辞所载，商王所祭祀的祖先神主要包括自上甲至示癸六位商王、自第一代商王大乙（即成汤）至倒数第二代商王帝乙在内的各代商王及商王配偶先妣；自然神则主要包括风、云、雨、日、四方、土地、山、川等诸神。由此可以推想，商代之前祖先神与自然神的祭祀对象大概不出上述范围。

对祖先神与自然神的祭祀在周代形成了更为完善的规范与制度，例如在《周礼》之类的礼书中对用何种谷物、动物进行祭祀都有着严格的规定，并由此发展出了一套系统、完整的等级秩序。这些规定在夏商周时期的礼仪实践中未必完全存在、执行，但也并非向壁虚构。晚商时期建立起的以牛、羊、猪为核心的祭祀制度便真实存在，而晚商时期这一祭祀用牲制度则是改造新石器时代以猪牲为核心的祭祀制度而来。随着周代礼书的经典化进程，礼书中所制定的祭祀制度逐渐成为后世王朝国家祭祀的指导意见书，也正因如此，自新石器时代形成并在此后不同阶段发展、完善的祭祀观念与制度，一直延续到了王朝时代结束之时。这种惊人的连续性在世界任何文明的历史中都是首屈一指的。

5. 玉润中华

《说文解字·玉部》云："玉，石之美。有五德：润泽以温，仁之方也；鰓理自外，可以知中，义之方也；其声舒扬，专以远闻，智之方也；不桡而折，勇之方也；锐廉而不技，洁之方也。"可见玉被古人赋予了"仁、义、智、勇、洁"五种德行，而不仅仅是用以装饰的贵重物品。汉代之前中国的玉文化从萌芽到发展已经走过了漫长历程，距今8000年左右以透闪石为代表的中国真玉文化形成，距今5000年左右玉器成为中华文明形成的核心物质载体。

黑龙江饶河小南山遗址（图14）出土的玉器为中国玉文化起源

图14　黑龙江饶河小南山遗址全景

研究提供了新线索。种类包括管、璧、斧和珠等，是目前已知中国最早的玉器。实际上，东北地区不仅是中国玉器的起源地，也在此后很长一段时间内成为新石器时代的玉器中心。在距今8200—7200年的兴隆洼文化各遗址中，考古工作者发现了种类丰富的玉器，主要有玦、管和弯条形器等（图15）。兴隆洼文化之后，距今6500—5000年的红山文化更是迎来了东北地区新石器时代文化玉器发展的高峰，其中最为知名的玉器便是玉猪龙。

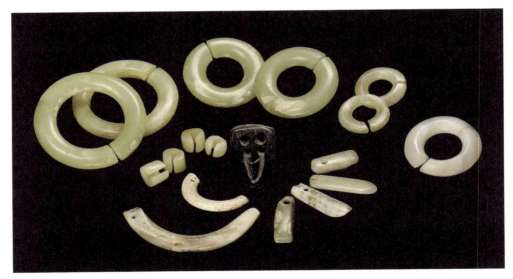

图15　内蒙古敖汉兴隆洼遗址出土玉器

南方地区使用玉器的历史目前可追溯至距今7000年左右的河姆渡文化。从出土的玉器种类来看，河姆渡文化的玉玦应该受到了东北地区的影响，而玉璜则是本地文化的创造，堪称新石器时代南方玉器的代表。

距今6000—5000年，中国长江中下游的玉器制作工艺突飞猛进，玉玦数量开始变少，玉璜数量则明显增多，且后者的造型开始变得丰富起来，同时还出现了环镯、环璧和一些具有特定造型的玉雕。最具代表性的是江苏南京北阴阳营遗址出土的缀合玉璜和安徽含山凌家滩遗址出土的玉鹰、玉版（图16）。

图16　安徽含山凌家滩遗址出土玉鹰、玉版

距今5000年左右，长江下游的良渚文化率先步入文明，完成了早期国家政体的构建。与此同时，南方玉器也随着良渚文化迎来了发展的高峰，玉琮、玉璧、玉钺最具代表性，象征着神权与军权。通过良渚先民的创造性转化，玉器已经由此前装饰品演变为精神信仰的载体，也正是从这一时期开始，玉器开始被赋予内在性价值，成为此后"玉之五德"的先声。

与东北地区的兴隆洼文化、红山文化和南方地区的河姆渡文化、良渚文化相比，海岱地区同时期遗址中出土玉器不甚丰富。

图17　山东临朐西朱封遗址202号墓出土玉笄

直到大汶口文化晚期时，玉器的制作工艺才出现明显的提升，器类也较为多样。在这一时期，大汶口文化先民创造出了独具特色的玉器——牙璧。进入龙山时代后，牙璧逐渐由山东地区扩散至中原地区，并从新石器时代末期一直延续至两周时期，展现出强劲的生命力。

龙山时代，海岱地区的玉器文化开始迅速发展。发达的镶嵌工艺是最显著的工艺特征①。代表性玉器是山东临朐西朱封遗址202号墓出土的玉笄（图17），其中冠饰为透雕，冠饰上镶嵌有绿松石，造型精美、工艺精湛。

另外，海岱地区龙山文化玉器中，最具创新性、也是最具影响力的玉器当属牙璋。牙璋呈扁薄长条形，柄部有孔，璋身与柄部连接处两侧有阑牙，刃部一般呈内弧状。从考古发现来看，牙璋出现以后迅速传播至其他考古学文化中，远在陕北地区的石峁遗址也发现大量牙璋。到二里头文化兴起之后，牙璋同样为夏王朝都邑贵族所重视，并以二里头文化为媒介辐射至整个东亚大陆。

与东北地区、南方地区乃至海岱地区相比，中原地区新石器时代文化似乎对玉器不甚热衷，并未像前三者一样发展出种类丰富、工艺精湛的玉器。李伯谦认为仰韶文化未像红山、良渚文化一样热衷于玉器，反映出仰韶文化及后续中原地区文化突出世俗王权而非

---

① 邵望平：《海岱系古玉略说》，《中国考古学论丛》，科学出版社，1995年。

神权的发展路径①。

从新石器时代晚期开始，由于各地区考古学文化与中原地区日益频繁地交往、交流，不同地区不同种类的玉器开始出现于中原核心文化区。以陶寺遗址为例，目前已经发现钺、环璧、牙璧、琮（图18）、璜、兽面等多种玉器。这些玉器显然既有中原地区本地玉器，也有来自其他地区的玉器。此后，在二里头遗址中发现的玉器种类则主要包括钺、牙璋（图19）等。陶寺和二里头遗址出土玉器情况表明以红山、良渚为代表的玉器文化中的宗教信仰因素，在夏王朝建立前后的中原地区核心文化中已销声匿迹，但玉器承载的精神性象征这一特质仍然得以保留。从玉器发展的整个历史来看，这无疑使得玉器这一古老的器物及其文化获得

图18　山西襄汾陶寺遗址3168号墓出土玉琮

图19　河南偃师二里头遗址出土玉牙璋

①　李伯谦：《中国古代文明演进的两种模式——红山、良渚、仰韶大墓随葬玉器观察随想》，《文物》2009年第3期。

了新生，玉器并未随着红山、良渚等文化的消亡而消亡，而是以更加贴近世俗的面貌成为整个社会共同追求的美好器物。这一情况在商周时期玉器中表现得尤为明显。以商代出土玉器最为丰富的妇好墓为例（图20），该墓出土的玉器数量众多、工艺精美。从种类来看，除了部分显示身份与地位的玉器外，大部分玉器都是用以装饰乃至把玩的装饰品、弄器。从这一点来说，商人对于玉器的喜爱与

图20　河南安阳殷墟妇好墓出土玉器

偏好本质上已经与今人无甚差别。

正是从商周时期开始，玉器逐渐被赋予新的内涵，开始与高尚的德行、品质相联系。苏秉琦曾对中国玉器演变历程有过高屋建瓴的评价，可以视作对中国玉文化最为本质的阐释：

> 人类从会制造石器起，就有机会与玉石打交道，后来又把令人赏心悦目的"美石"选出来制作装饰品和贵重用具。……中华民族把玉所具"温润"、"高洁"、"坚硬（贞）"等特点，转化到人文观念中，纳入社会生活。玉器体现美德是中华民族特有的文化现象，又是自史前时期以来一直承袭着的传统[①]。

6. 龙的传人

2024年为甲辰龙年，龙是瑞兽，中华儿女称自己是龙的传人。数千年来，龙一直是中华文明的政治和文化符号。瑞兽是想象出的动物形象，龙之所以始终是中华民族几千年不变的精神信仰与寄托，应与长期以来的定居农业有关。《说文解字·龙部》："龙，鳞虫之长，能幽能明，能细能巨，能短能长。春分而登天，秋分而潜渊。"相传龙能兴云致雨，而风调雨顺、普降甘霖是农业民族千百年来不变的追求。

目前中国最早的龙遗存应是距今8000年的辽宁阜新查海遗址堆塑石龙。堆塑石龙全长19.7米，宽1.8—2米，以红褐色玄武岩堆塑而成。龙头向西南、尾向东北，昂首张口，体如弯弓，龙尾上翘，

---

① 苏秉琦：《百万年连绵不断的中华文化——苏秉琦谈考古学的中国梦》，《内蒙古文物考古》1997年第7期。

形象生动。查海遗址的堆塑石龙位于聚落中心，龙首、龙尾处各有一处特大型房址，此堆塑石龙可能是查海先民祭祀的对象或查海部落的象征。

中原地区最早的龙遗存，则是河南濮阳西水坡遗址45号墓出土的龙形蚌塑（图21）。它与同墓出土的虎形蚌塑一起作为随葬品埋于墓葬中，表明二者皆具有明确的象征性意义。

图21　河南濮阳西水坡45号墓出土龙虎形蚌塑

查海遗址和西水坡遗址出土的龙遗存表明，中华先民在距今8000—6000年已经具有内涵丰富的龙文化意识。

查海遗址属于兴隆洼文化的组成部分，在辽西地区承继兴隆洼文化的是著名的红山文化。龙正是红山文化玉器重要的母题之一。以玉猪龙为例，除了红山文化仪式性中心的牛河梁遗址（图22）外，在内蒙古巴林右旗额尔根勿苏遗址、巴林左旗尖山子等地均有出土。不同地区的红山文化遗址所出玉猪龙在造型和纹饰上呈现出高度一致性，这一方面说明玉猪龙的制作工艺具有单一的来源，另一方面

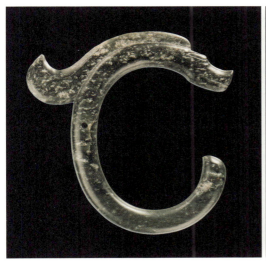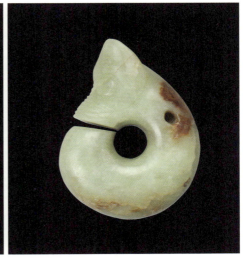

图22　内蒙古翁牛特旗出土"C"形玉龙、辽宁朝阳牛河梁第二地点出土玉猪龙

也说明玉猪龙是红山文化先民普遍认可的器物，龙的观念已经深入红山文化群体观念之中。

　　除了外形较为厚重的玉猪龙造型外，还有一类被称为"C"形玉龙的红山文化玉器，因其外形似英文字母"C"，故被称为"C"形玉龙（图22）。"C"形玉龙整体纤细、通体磨光，有飞扬的鬃毛附于龙头与后背，使得玉龙极富生气，反映出当时制玉工艺的精湛纯熟。

　　龙山时代晚期，中原地区文化最为突出的代表陶寺文化对于龙也有着特殊的偏好。陶寺遗址4座被认为是王级大墓中均出土了绘制蟠龙纹饰的陶盘（图23），龙已经开始与高等级贵族的身份与地位相关联。陶寺遗址的蟠龙纹与二里头遗址绿松石龙形器很可能存在密切关系，二里头贵族对于龙的重视应承袭陶寺文化而来。

　　与龙有关的造型、纹饰在商代则更为普遍，殷墟出土青铜器、玉器、骨器等器物上，龙纹及其多种变体几乎成为一种普遍的装饰方式，蟠龙纹青铜盘（图24）及玉龙（图25）最具代表性。

图23　山西襄汾陶寺遗址出土蟠龙纹陶盘

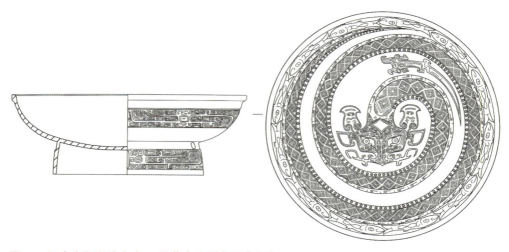

图24　河南安阳殷墟小屯18号墓出土蟠龙纹青铜盘

上述龙形文物无论是造型样貌还是装饰理念皆表明，从新石器时代开始至夏商时期，"龙"文化意识具有明显的连续性。西周时期以后，龙的形象与意象愈发多样、丰富，龙也在夏商时期彰显身份与地位象征的基础上，衍生出能够呼风唤雨、腾云驾雾的神话形象，

图 25　河南安阳殷墟亚长墓出土玉龙

一方面成为极具威严的神话动物，另一方面又成为后世帝王的专属象征，而这一切的源头都能在从史前到夏商周三代的考古实物中找到例证。

二、连续性的内在特质

自龙山时代起，直至夏商周时期，中原地区的文明化进程成为中华文明形成和发展阶段最为重要的组成部分。其中，距今 3800 年以二里头文化为主体的夏文化，彻底改变了中华文明的进程，真正迈上了以中原为主导、整合地方文明的历史进程，并最终使得中华文明走入了全新的"王朝时代"，其巨大的影响力和深远的意义延续至今。

然而，正如有学者所指出的，"中原天然不是中心，但中心最后选择了中原……中原成为中心的过程，并非一帆风顺，也非一蹴而就，中原向中心演变的过程、方式、动力（中原模式）可谓中国

文明起源研究中最值得思考的问题"①。可以说，只有厘清中原地区文明化进程及其与周边地区文化的交流、互动过程，才能更加深入地理解中华文明突出连续性的根源和稳固特性。

1.中原地区的交通优势

交通是关乎国计民生的国家命脉，文明诞生和早期发展阶段，更易受到交通的影响。中华文明起源和形成阶段的交通更多地依靠自然地形、地貌，而非人工修筑的道路、运河等。因此，平坦的地势能够为先民的出行、流动提供巨大的便利，而这也正是中原地区最为突出的交通优势。

从整体发展历程来看，中原地区文明兴起的主要策源地都集中在郑州-洛阳地区，从地理标志来说可称之为环嵩山地区。即使在今天，郑州也是中国南北与东西交通的枢纽，可见这一地区的重要性。

从具体交通来说，以郑洛地区为中心，向南可抵南阳盆地，由南阳盆地经随枣走廊可达江汉平原，或由郑州一路南下至今天的信阳，经义阳三关穿越大别山进入江汉平原；向北沿太行山东麓，由今天的安阳、邯郸可一路抵达燕山地区，可与燕山南北地区相交通；向西则通过著名的"太行八陉"，特别是南三陉的轵关陉、太行陉和白陉进入晋南地区，由晋南地区向西可达关中地区，向北则可进入晋中盆地甚至内蒙古中南部；向东可沿黄河一路进入今天的山东地区。

除了上述陆路外，水路在当时也是重要的交通通道。以与南

---

①　张海：《中原核心区文明起源研究》，上海古籍出版社，2021年，第399页。

方的交通为例，通过颍河、汝河进入淮河，再经由淮河地区进入江汉平原，是当时十分重要的南北交通通道。这可由西周时期青铜铭文得到证实。根据学者对西周禹鼎、敔簋等青铜器铭文的研究，在西周中晚期的淮夷入侵洛邑事件中，淮夷正是通过汝水越至颍水上游，再向西北进入洛阳盆地[①]。由此说明，至少在西周时期，由汝、颍水系进入郑洛地区仍是十分常见、可行的交通方式。

中华文明起源与形成阶段的交通与今天中国的交通网络十分相似，由郑洛地区经信阳进入江汉平原的路线就是今天的京广线，以太行陉连接山西与河南的路线大体是太原至洛阳高速公路的路线。这一方面反映了中国的交通也具有突出的连续性，同时也说明交通本身所依赖的地理因素具有极强的稳定性。中原地区的交通优势从一开始便已经奠定，在历史长河的发展中逐渐突显，并最终成为以中原地区为中心的中华文明形成与发展的重要推动因素。

2. 中原地区文明化进程

中原地区文明化进程肇始于距今9000—7000年、地处黄淮地区的裴李岗文化，最主要的遗址为河南舞阳贾湖遗址。贾湖遗址发现了人工栽培水稻的遗存，出土了具备驯化特征的最早的家猪遗骸[②]，已开始定居生活，并形成了以狩猎采集、农耕生产和家畜饲养为主的生业经济结构。这种复合式生业经济结构不仅能够保障食物来源，还能保有一定的剩余粮食。剩余粮食能够让共同体当中的一部

---

① 周博：《禹鼎、敔簋与淮夷内侵路线问题》，《历史地理》第三十四辑，上海人民出版社，2017年，第38—43页。
② 罗运兵、张居中：《河南舞阳县贾湖遗址出土猪骨的再研究》，《考古》2008年第1期。

分人不事生产而进行其他各项专业活动，这是催生复杂社会的必要因素。贾湖遗址墓葬最引人瞩目的便是著名的贾湖骨笛（图26），骨笛是以鹤的尺骨制成，可演奏近似七声音阶的乐曲，是迄今发现的年代最早、保存最完整的吹管乐器。考古学者推测这些随葬骨笛的墓主人生前是贾湖部落的首领或祭司等贵族。此时的裴李岗文化先民已经普遍具有祭祀祖先的观念，以血缘为纽带的家族结构亦已成型。这表明，裴李岗文化时期的中原文明在社会结构、精神意识和知识观念等方面皆取得了突破性进展，中原地区的文明化已经迈向了成熟期。

图26　河南舞阳贾湖遗址出土骨笛

　　接续裴李岗文化而来的是仰韶文化。仰韶文化是黄河中游地区重要的新石器时代晚期文化，主要分布于今天陕西、河南和山西，以及甘肃、湖北、河北和内蒙古边缘等地区，可划分为半坡类型/文化（公元前4900—前4000年）、庙底沟类型/文化（公元前3900—前3600年）、西王村类型/文化（公元前3600—前2900年）、后岗一期类型/文化（公元前4500—前3500年）、大司空类型/文化（公元前3100—前2700年）、大河村类型/文化（公元前3900—前2900年）和下王岗类型/文化（公元前4600—前2700年）。其中，半坡、庙底沟和西王村类型/文化存在早晚演变的关系，可视作仰韶文化的典型类型。

河南濮阳西水坡遗址是仰韶文化早期的代表，最重要的发现就是上文述及的45号墓龙虎形蚌塑。墓主为成年男性，在其人骨东西两侧摆放着以蚌壳堆塑的龙虎图案，东侧蚌龙，身长1.78米，高0.67米，昂首曲颈，弓身长尾，作奔走状；西侧蚌虎，身长1.39米，高0.63米，低头垂尾，亦呈奔走之态。大多数学者都认为45号墓主生前应为部落首领，随葬的龙虎形蚌塑则可能反映出其具备通神的能力或拥有高明的天文学知识。

庙底沟类型是仰韶文化的一支。其势力强盛，对周边产生了巨大的影响，将彩陶文化传播到了更为广泛的地区（图27），有学者将这一现象称为"史前中国的艺术浪潮"[1]。最具代表性的遗址首推河南灵宝铸鼎原遗址群，共发现数个距今5800—5500年的超大型聚落和一批同时期的中小型聚落，西坡遗址则是其中的次级中心聚落。西坡遗址周围以自然河流与人工壕沟为防御屏障，遗址中心存

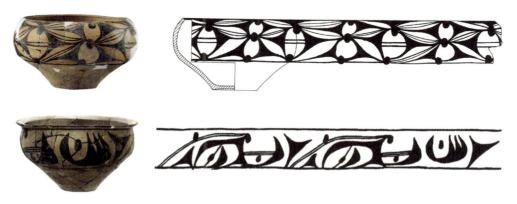

图27　河南三门峡庙底沟遗址出土彩陶钵、盆

① 王仁湘：《史前中国的艺术浪潮：庙底沟文化彩陶研究》，文物出版社，2011年。

在一个广场，广场的四角各有一座大型半地穴房屋。其中西北角的房屋室内面积约200平方米，外有回廊，占地面积达500余平方米，是当时最大的单体建筑（图28）。房屋规模、装饰方式和所处位置均表明，这些房屋应是举行大型公共活动的场所。西坡遗址的壕沟外侧发现有公共墓地，规模最大的27号墓随葬了制作精致的玉石钺和十多件低温烧制的"明器"，墓主为青年男性，当为该聚落拥有军事权的首领。

需强调的是，与同时期其他地区特别是长江中下游地区文化相比，西坡大型墓葬不算丰富的随葬品反映出中原地区独特的文明化道路，即"以首领居住址的规模和墓葬的规模彰显自己的地位，而

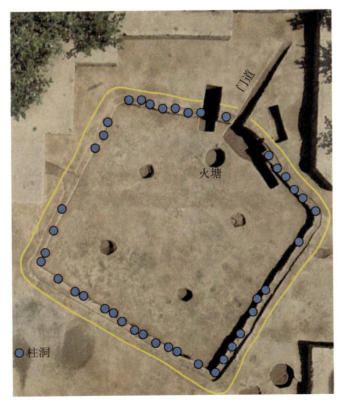

图28 河南灵宝西坡遗址大型半地穴房屋

并非以占有和随葬大量财富来显示尊贵"①。庙底沟类型整体上呈现出注重血缘宗族和世俗福祉的面貌，这与同时期其他地区文化注重神圣权力、奢侈成风的情况迥然有别。李伯谦敏锐地指出，自庙底沟类型起，突出王权而非神权的特性深刻地影响了从河南龙山时代直至夏商周时期的发展道路，并因此"保证了社会的持续发展和文明的延续，成为中华大地上绵延不绝的核心文化，而避免了像红山文化和良渚文化那样，因突出神权、崇尚祭祀造成社会财富巨大浪费而过早夭折"②。

距今5300年左右，地处豫西的铸鼎原遗址群开始衰落，取而代之的是郑州地区聚落群的兴起，其中以巩义双槐树遗址最具代表性。

双槐树遗址是一处由三重环壕围绕的大型聚落，遗址现存面积117万平方米（图29）。在最内侧环壕以内还建有围墙，围墙内发现了三排成组的大型建筑，呈现出以中间建筑为中心的左右对称布局形式，在此组建筑群以南，还发现有两座规模更大的单体建筑基址。与西坡遗址相比，双槐树遗址显示出全新的布局理念，出现了明显的以中轴线为中心的东西并列布局的模式。这种以中轴线为中心的布局，开启了中国古代都城宫室制度的先声，深刻影响了古代中国都城布局的观念与实践。双槐树遗址的发现表明中原地区的社会分化较之前时期已更进一步，此时以双槐树遗址为代表的中心聚落被称为"河洛古国"③。

---

① 王巍、赵辉：《"中华文明探源工程"及其主要收获》，《中国史研究》2022年第4期。

② 李伯谦：《中国古代文明演进的两种模式——红山、良渚、仰韶大墓随葬玉器观察随想》，《文物》2009年第3期。

③ 石大东、李娜、左丽慧：《河洛古国　打开黄河流域文明起源的关键钥匙》，《郑州日报》2020年5月8日第1、2版。

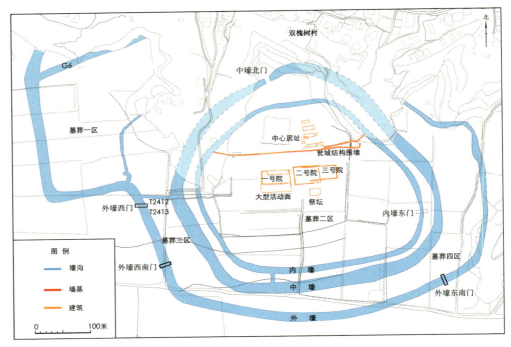

图29 河南巩义双槐树遗址主要遗迹平面图

也正是从这一时期开始，中原地区文明化格局发生重大的变化。距今5000—4500年，周边地区的红山、大汶口、屈家岭-石家河、良渚文化均发展出高度发达的文明，中原地区则陷入了相对沉寂的阶段。以大汶口和屈家岭文化为代表，周边文化开始进入中原地区，并对本地文化产生了重大影响。但中原地区文化并未在周边文化的突进中消亡，而是以原有文化为基础，在充分吸收各地区文化因素的基础上酝酿着新的划时代变革。

距今4300—3800年的"龙山时代"是新石器时代的最后阶段，此前兴盛的良渚、红山和石家河文化皆已相继衰落，而沉寂一段时间的黄河流域诸文化开启了迅猛发展的势头，陶寺文化是突出代表。陶寺文化实际是仰韶文化庙底沟类型与东方地区文化碰撞、融合的结果。陶寺遗址共有两重城垣，外城面积约300万平方米，内城则为宫城，发现了大型建筑的夯土基址和柱础，在外城南垣外则发现有观察日出位置以判断时令的观象台（图30）。学者依据其聚落形态、出土遗迹等情况多认为，陶寺文化已达到早期国家的标准，此地为古史记载的尧都平阳。

差不多同一时期，在郑州及附近地区也兴起了以登封王城岗遗址、禹州瓦店遗址、新密古城寨遗址为代表的大型中心性聚落，此

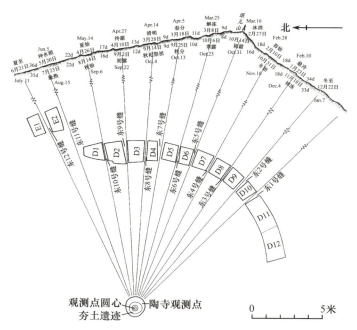

注：观测点至崇山距离为示意
E1、E2、D1~D12为夯土柱基础
英文日期和天数表示四千年前的日期和间隔天数

图30 山西襄汾陶寺遗址观象台及观测节气示意图

时中原核心地区正处于激荡、冲击之中。从文化属性和年代来说，它们正是二里头文化的源头。

距今3800年前后二里头文化横空出世。二里头文化甫一形成便呈现出迅速扩张的势头，其国家形态和政治结构也在扩张中逐步确立、成熟。有学者指出，二里头文化在充分利用各地原有的龙山文化区域聚落等级结构之上，形成了有效的资源分配和社会管理体系，从而将整个中原核心地区纳为一体①。而从二里头遗址布局来看，以道路、水系为脉络形成了向心对称式布局，不仅反映出王都之气，更是开启了古代中国都城规划的先河。二里头文化对外扩张范围之广、实际控制面积之大，都显示出其已成为真正的"广域王权国家"。以地望、时代和影响力等标准来看，结合古文献的记载，二里头文化无疑就是夏文化，二里头遗址即夏王朝都城。中原地区文明化进程至此瓜熟蒂落，中华文明也由此进入了"王朝时代"。

3. 中原与周边的交流和互动

距今1万年左右，第四纪的末次冰期结束，地球进入全新世，全球气候开始变暖。在这一全球气候适宜的大背景之下，中原地区地势平缓的地理优势愈加突显，本地文化在孕育、发展的同时，也开始与周边区域建立起紧密的交流、互动关系。

中原地区与周边区域文化的交流和互动从一开始便是双向的，即中原地区文化向周边区域传播、扩散的同时，周边区域文化也同样向中原地区施加着重要影响。以人工栽培水稻为例，舞阳贾湖遗

---

① 张海：《中原核心区文明起源研究》，上海古籍出版社，2021年，第404页。

址已发现稻作农耕遗存，在今人看来，这里距离稻作起源中心区域的长江中下游地区不仅路途较远，而且气候、环境差异较大。然而，贾湖遗址稻作农耕遗存的发现不仅表明当时黄淮地区气候适宜水稻生长，也说明中原地区与长江中下游地区存在着密切交流。植物考古学家认为，迁徙地点越是远离起源地，农作物的进化越是活跃，因此，贾湖遗址生态环境对促进栽培稻的进化可能最为有利[①]。由此可见，在起源阶段之初，交流与互动对中华文明的形成与发展便有着不可估量的作用和影响。

　　位于长江下游南岸的跨湖桥文化、长江中游洞庭湖西南的高庙文化、西辽河地区的兴隆洼文化，与裴李岗文化处于同一时期。虽然目前的证据尚未显示出上述区域文化与中原文化存在明显的交流互动，但这些文化的发展状态和水平都与裴李岗文化有异曲同工之处。以兴隆洼文化为例，内蒙古敖汉旗兴隆洼遗址是一处面积达3万平方米的环壕聚落，内有成排的半地穴式房屋百余间，各排均有大型房址，最大的房址位于聚落中心，体现了明显的向心、凝聚观念。韩建业认为，这种情况与强调社会秩序的裴李岗文化具有近似之处[②]。

　　仰韶文化时期，中原文化与周边区域文化交流与互动明显增强，以仰韶文化庙底沟类型为代表的文化持续扩张，对包括我国东北地区、山东地区、长江中下游地区在内的各区域文化都产生了较大的影响。这一时期东北地区最具代表性的便是红山文化。仰韶文化与红山文化之间的交流，主要体现在以花瓣纹为代表的彩陶文化

---

　　①　赵志军：《农业起源研究的生物进化论视角——以稻作农业起源为例》，《考古》2023年第2期。

　　②　韩建业：《裴李岗时代与中国文明起源》，《江汉考古》2021年第1期。

在此时进入了红山文化的势力范围，深刻影响了红山文化陶器的装饰形态。苏秉琦指出仰韶文化和红山文化的关系是中华文明起源模式之一——"撞击"——最为典型的代表，红山文化仪式性遗址正是两种文化相遇后所迸发出的"火花"[①]。仰韶文化与山东地区的大汶口文化、长江中下游地区的大溪文化和崧泽文化的影响也都主要体现在彩陶的纹饰和器形方面，有学者认为，这一时期标志着"早期中国文化圈"的形成。

正如上文所提到的，龙山时代前后，中原地区文化进入了相对沉寂的时期，而中原周边各地区文化则迎来了发展的高峰时期。在距今4500—4300年，大汶口文化开始向西、向南大范围扩张，在豫西、豫中地区都发现了大量的大汶口文化因素遗存，甚至还出土了成组的大汶口文化晚期墓葬，表明大汶口文化群体此时已经深入中原地区。在更偏西部的晋南地区，陶寺文化早期墓葬中也发现有大汶口文化风格的陶器。此外，有学者认为，陶寺文化所反映出的厚葬和宴飨之风也是受大汶口文化影响的结果。与大汶口文化西进大概同时，长江中游地区的屈家岭文化也开始了北上之路，首当其冲的是位于南阳盆地的仰韶文化被屈家岭文化完全取代，在郑州、洛阳地区乃至晋南地区都发现了大量的典型屈家岭文化遗存。

龙山时代早期区域文化的互动格局到了龙山时代晚期更为凸显，中原地区成为各地区文化竞相角逐的舞台，其中最为重要的便是海岱地区龙山文化在中原地区的扩张。海岱地区龙山文化进入到中原后催生了"新砦期遗存"的形成，中原龙山文化不仅因此改变了社会格局，还成为二里头文化形成的重要推动力。

---

① 苏秉琦：《中国文明起源新探》，辽宁人民出版社，2011年。

4. 连续性根基的夯筑与稳固

龙山时代诸文化竞争角逐的状态在二里头文化横空出世后彻底终结，这本身便反映出二里头文化的"王者"气象。从裴李岗时代算起，至二里头文化形成，时间恰好也是5000年左右。可以说，以二里头文化为主体的夏文化，是中华文化（文明）第一个五千年的集大成者，为中华文明的突出连续性夯筑了坚固的基础。在吸纳新石器时代以来中华文化（文明）诸因素的基础之上，二里头文化在创新、变革之中形成了独具特色的文化属性，深刻塑造和影响了此后中华文明的面貌。

二里头文化的王者气象首先表现在二里头遗址的布局与规模①。根据最新的考古发现和研究，二里头遗址中心区域存在规整、方正的"井"字形道路网和宫城城墙。"井"字形道路网不仅连接着交通，还起到了分割不同功能区的作用，"井"字形的中心正是大中型建筑基址集中的宫殿区（图31），手工业作坊区和祭祀区则

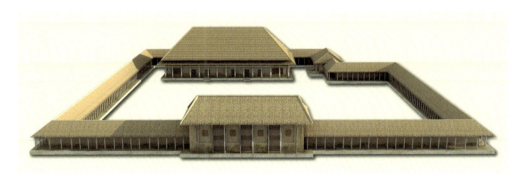

图31　河南偃师二里头遗址1号宫殿复原图

---

① 以下对二里头遗址发展的梳理，多依据赵海涛《二里头都邑聚落形态新识》（《考古》2020年第8期）一文。

分别位于宫殿区的南、北侧，贵族居住和墓葬区依宫殿区周围而建。二里头文化已经明确发展出以宫殿区－宫城为核心、用道路交通网络划分手工业功能区的规划制度，应当就是"择国之中而立宫，择宫之中而立庙"（《吕氏春秋·慎势》）和"王宫居中"（《周礼·考工记》）都城制度的源头所在，深刻影响了商、周王朝的都邑布局，二里头宫城也被认为是后世古代宫城的鼻祖。二里头遗址迄今未发现大型墓地，都邑内贵族居住区与墓葬区相杂，这与陶寺文化等龙山时期诸文化迥然有别，而与商王朝都邑、聚落所体现的"居葬合一"模式十分一致，可以视作二里头文化的开创性变革。

礼器是反映二里头文化在当时和此后影响力的又一例证。二里头文化的礼器由陶、玉、铜三种质地的器物组成，每一类都独具特色。

二里头文化陶质礼器一大特点是确立了以陶盉（鬶）、爵等酒器为核心的礼器组合，并且很快将这种"重酒组合"的礼器文化传播至四面八方。二里头文化的陶鬶、爵（图32）北达燕山南北地区，南及四川到浙江的长江流域，西抵黄河上游的甘肃和青海地区，分布远超二里头文化的势力范围。

二里头文化的玉质礼器，主要包括玉柄形器、大玉刀、戈、牙璋、璧戚、钺、圭等。其中，玉牙璋起源于龙山时代的海岱地区，却在二里头时代以二里头文化为基点传播到了极为遥远的地区。从目前的发现来看，二里头文化风格的玉牙璋在山东、山西、甘肃、四川、湖北、福建、广东、香港地区都有发现，甚至在今天的越南北部也有出土。这种前所未见的传播力度与影响力，既反映出二里头文化礼仪制度的高度成熟，也说明二里头文

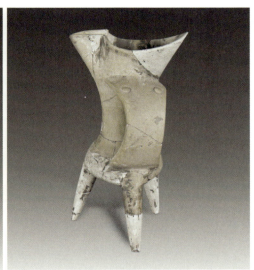

图32 河南偃师二里头遗址出土白陶鬶、爵

化已经具有强大的"软实力"①，能够依靠观念与思想吸引不同地区的群体。

正如前文所述，青铜礼器是二里头文化最具创新性和影响力的礼制器物，也开启了中华文明的"青铜时代"。二里头遗址青铜礼器和铸铜作坊的发现，展现了中华文明对青铜冶铸技术的本地化改造与创新。二里头遗址出土了中国最早的青铜礼器，以器形而言，这些器物早在新石器时代便已出现，而且在各区域文化中都已用作礼仪性器物。但只有二里头文化创造性地将这些器物由陶质变为青铜质，让这些器物无可替代地成为彰显身份、地位和权威的神圣性器物，并由此形塑了夏商周三代的青铜礼制文明。就青铜冶铸技术而言，二里头文化以容器为主的青铜铸造提升了冶铸难度，复合范

① 许宏：《何以中国：公元前2000年的中原图景》，生活·读书·新知三联书店，2016年。

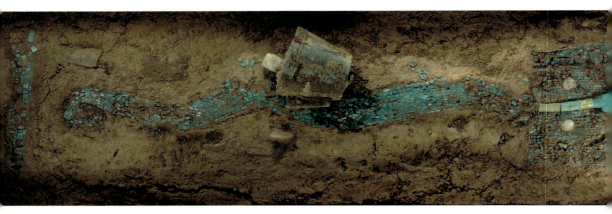

图33 河南偃师二里头遗址出土绿松石龙形器

铸造工艺由此出现，说明新的青铜冶铸技术是由二里头文化所创造和完全掌握的。

除了青铜礼容器外，二里头先民还对绿松石制品有着异乎寻常的热爱。绿松石龙形器和镶嵌绿松石铜牌饰（图33、34）是二里头文化绿松石制品的代表，最能体现二里头"绿松石文化"的特点。

图34 河南偃师二里头遗址出土镶嵌绿松石铜牌饰

二里头遗址的衰落在二里头文化四期晚段已经显露，下七垣文化、岳石文化不仅大规模进入二里头遗址，而且还破坏了政治性、仪式性建筑，与之对应的即是古史所载的夏商迭代。夏王朝至此落下帷幕，商王朝开始登上历史舞台。

　　与商王朝有关的文献记录并不丰富，但脉络尚比较清晰，总体而言，从商汤伐夏到九世之乱是第一个阶段；九世之乱至盘庚迁殷是第二个阶段；从盘庚迁殷开始，经历武丁中兴，直至周武王伐商则是第三个阶段。第一个阶段属于商代早期，对应的是以二里岗文化为主体的早商文化；第二个阶段属于商代中期，对应的是以洹北商城为代表的中商文化；第三个阶段就是最为人熟知的以殷墟文化为主体的晚商文化。

　　根据最新的发现和研究，二里头遗址并非在夏王朝灭亡后便被废弃，虽然象征着夏王朝权力的建筑皆被破坏，但铸铜作坊和绿松石作坊仍然在继续生产着青铜器和绿松石制品。这一情况表明，以二里岗文化为主体的商王朝是以二里头文化即夏王朝的"继承者"自居，而不仅仅是伐灭夏王朝的"征服者"。尤为值得注意的是，在将近600年后的商周鼎革之时，殷墟都邑铸铜作坊同样继续发挥着生产青铜器的作用，其所反映出的历史内涵与夏商迭代完全一致。

　　早商文化的一大突出特点是其强大的扩张能力和广泛的实际控制范围。最盛之时，西至陕西铜川耀州一带，东至泰沂山脉以北的济南地区，北至太行山东部的河北邯郸地区，东南至巢湖以东的安徽马鞍山地区，南至湖北武汉地区，都发现了大量的早商文化遗址，其中还不乏规模较大的城址。

　　从目前的相关研究来看，早商文化强势的扩张能力与分布各地的商文化遗址密不可分，特别是以武汉黄陂盘龙城遗址为代表的区域中心聚落，更是早商文化青铜铸造原料来源的重要保障，促进了早商王朝青铜文化的发展与传播。根据盘龙城遗址出土的大量青铜容器和铸铜作坊遗址，基本可以确认盘龙城商城和郑州商

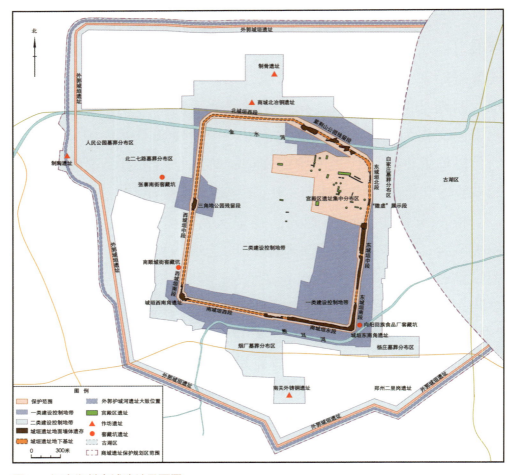

图35 河南郑州商城遗址平面图

城（图35）是在早商王朝统一管理之下的南北两大青铜冶铸中心。
这一情况背后可能与早商王朝的国家治理模式有关，而更为关键的
是，这种青铜铸造技术分列格局之下潜藏着商王朝青铜技术与青铜
文化扩散的可能。

　　根据古史记载，商王朝自中丁时起，由于继承制度的混乱导致
了"九世之乱"，而从考古学证据来看，正是从这一时期开始，分
布各地的商文化城址突然衰败、废弃，其中也包括雄踞于长江中游

的盘龙城。随着盘龙城的废弃，青铜容器铸造技术在长江流域开始扩散，长江下游的江西宜春吴城遗址和汉水流域的汉中地区开始成为新的青铜文明区域中心，并形成自身的特色。以安徽阜南台家寺遗址为代表的江淮地区青铜容器铸造技术也十分发达，与长江流域的冶铸技术相互影响。

可以说，正是早商王朝的青铜铸造格局及此后内部动乱导致的青铜技术扩散，才使得中国独特的青铜礼器铸造技术与文化从中原文化区传播至中国全境。这种影响直至以殷墟文化为主体的晚商王朝时期仍在持续，以青铜礼器为媒介，包括三星堆文化在内的长江流域诸文化与商王朝一直保持着或隐或显的交流关系。

盘庚迁殷结束了商王朝的九世之乱，在考古学上则表现为洹北商城的兴起。作为目前发现与盘庚迁殷相关的商王朝都邑，对于洹北商城的认识仍然需要大量的发掘和研究工作才能全面厘清，但根据最新的发掘情况可知，洹北商城有着明确的布局规划、存在完备的手工业作坊区，从年代、规模和内涵来看，基本可以确定此即盘庚迁殷所在（图36）。洹北商城很可能毁于一场突发的大火，其不长的存续时间却为殷墟文化的发展奠定了基础，中国青铜文明也即将迎来第一个高峰（图37）。

而从构成和内涵来看，殷墟文化在中华文明整体发展进程中也处于承上启下的位置。李学勤曾指出，殷墟文化是中国青铜器发展的第一个高峰，主要体现在形制的多变、纹饰的繁丽、铭文的加增、组合的复杂和工艺的进步几方面[1]。实际上，这几方面皆是殷墟文化即晚商王朝国家治理与政治制度变革的反映。

---

① 李学勤：《青铜器入门》，商务印书馆，2013年。

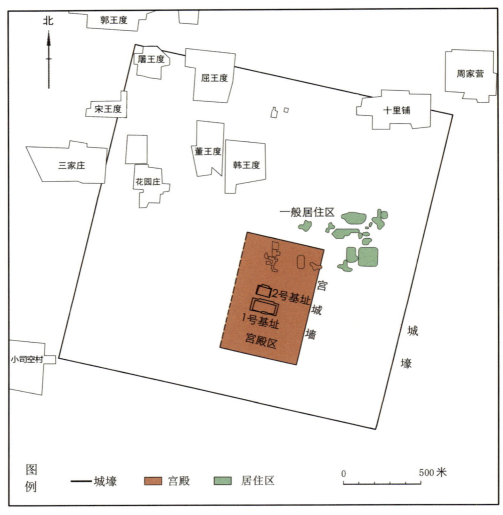

图 36 河南安阳洹北商城遗址平面图

　　首先，不同于早商王朝时期青铜铸造中心分列南北的格局，晚商时期青铜铸造可称得上殷墟一家独大，商王朝中央明显严格地控制着青铜冶铸技术与生产。其次，在早商王朝已经构建出的青铜礼制之上，持续增加、改进与推行以青铜礼器为中心的礼仪制度，最为显著的便是建立起了以青铜觚、爵为核心的青铜酒器礼制组合。

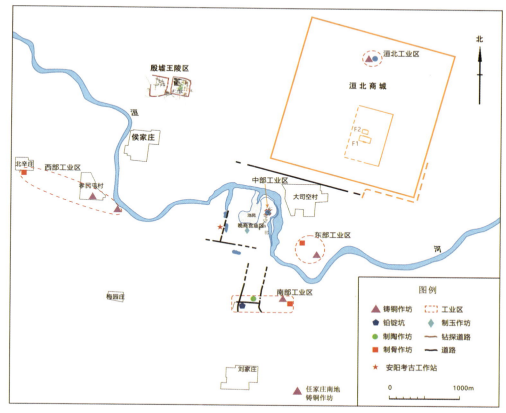

图37　河南安阳殷墟遗址总平面图

最后，在商王朝严格管控青铜技术与生产基础之上，王朝中央二百余年在青铜技术的提升方面持续投入大量人力、物力，最终使得中国青铜文化在殷墟时期达到了顶峰。

孔子在回答弟子子张"十世可知也"的问题时，答曰"殷因于夏礼，所损益，可知也；周因于殷礼，所损益，可知也"（《论语·为政》）。可见在春秋时人眼中，殷商礼仪是西周礼仪的渊源之一。从考古学的角度而言，目前已经有不少"周承殷制"的证据。以最为突出的国家祭祀中的用牲为例，考古学者发现，根据商代都邑出土的动物遗存情况，自新石器时代起一直占据主导地位的家猪数量开始少于家养牛的数量，这一情况始于二里岗文化，最终完全定型于殷墟文化前期[①]。这一现象在殷墟甲骨卜辞中也有所反映，无论是占卜贞问还是实际祭祀，牛都是商王最为重视的家养动物，数量、种类都远比猪、羊等其他动物更为多样、丰富。

上述由猪向牛的转变背后还有着更为深刻的意义和影响。根据殷墟遗址出土情况和卜辞统计情况，可以清晰地发现，在商王主导的国家祭祀中形成以牛、羊、猪为核心的礼用动物制度。这很容易使人联想到周代礼书中所说的用牲制度，如《礼记·曲礼下》云："天子以牺牛，诸侯以肥牛，大夫以索牛，士以羊豕。"《礼记·王制》云："祭天地之牛，角茧栗；宗庙之牛，角握；宾客之牛，角尺。诸侯无故不杀牛，大夫无故不杀羊，士无故不杀犬豕，庶人无故不食珍。"可以说，商王朝正是这一用牲制度形成时期，这一制度被周王朝统治者继承、发展后，成为此后2000多年中国古代王朝国家祭祀的标准制度，同时也塑造着古代中国对动物分类的知识。

前文已经提到，在周人灭商之后，殷墟都邑的铸铜作坊并未被立即毁弃，而是在一段时间内继续生产。即使被彻底废弃之后，包括铸铜工匠在内的商王朝工匠群体被周王朝迁徙至他处，继续从事手工业生产。周人除了将商人的青铜酒器礼制组合改为符合自身价值观的青铜食器组合外，在青铜技术与生产的管控、青铜铸造技术的持续改进等方面，完全继承了商王朝所建立的标准与制度。可以说，殷墟青铜文化是西周青铜文化形成和发展最为坚实的基础。

---

① 〔日〕冈村秀典：《商代的动物牺牲》，《考古学集刊（第15集）》，文物出版社，2004年，第221—222页；李志鹏：《殷墟动物考古90年》，《中原文物》2018年第5期。

殷墟文化对西周文化的影响不仅体现在青铜技术与生产方面，上面提到的周人对商人的迁徙也不仅仅限于铸铜工匠。在周代典籍中常见到对伐商后迁置殷人的记录，其中最为详细的当属《左传·定公四年》所记："殷民六族，条氏、徐氏、萧氏、索氏、长勺氏、尾勺氏，使帅其宗氏，辑其分族，将其类丑，以法则周公，用即命于周，是使之职事于鲁，以昭周公之明德。""殷民七族，陶氏、施氏、繁氏、锜氏、樊氏、饥氏、终葵氏，封畛土略，自武父以南及圃田之北竟，取于有阎之土以共王职。"①

根据《左传》所载内容，周人在克商之后，将商人以族氏为单位分置于周人诸侯、重臣之下，使其继续为周王朝服务，学界一般将这些分别迁置的商人称为"殷遗民"。而从考古发现来看，无论是数量、规模乃至分布范围，周人对殷遗民的迁徙处置都远超传世文献的记录。根据统计，西周王朝全境内几乎都发现了殷遗民的遗存，包括西周王朝的核心区域，如周原、丰镐和洛邑，西周的诸侯国，如鲁国、燕国、晋国、邢国、卫国、齐国、管国、宋国等；西周王朝的四至边陲地带，如西方的甘肃灵台白草坡、宁夏彭阳姚河塬，南方的湖南宁乡炭河里、湖北蕲春毛家咀等。结合西周金文以及殷遗民墓葬规模与随葬情况，为西周王朝驱使、服务的殷遗民内部也分为不同的等级，既有地位较高的作册史官家族，也有最为普通的平民阶层。

各个阶层的殷遗民都为西周王朝政治、经济和文化发展做出了巨大的贡献，其中尤以史官家族的影响最大，也最能体现周因于殷礼而有所损益的事实。如刘源指出，史官家族"通晓名号、祀典、

① 杨伯峻：《春秋左传注》（修订本），中华书局，2016年，第1712—1714页。

世族及官制，并平稳地经历殷周易代的历史变局，世代延续，服务于商周王室及其强宗大族，使商周文化得以连续发展"①。

三、连续性的形成原因

1. "胡焕庸线"与内向凝聚力

中华文明得以形成并延续五千多年而未曾断裂，与中华大地独特的地理环境有着密不可分的关系。中国陆地地势的特点是西高东低，按照海拔差别，可以分为明显的三级阶梯。第一级阶梯即号称"世界屋脊"的青藏高原，海拔4500米以上；第二级阶梯介于青藏高原和大兴安岭—太行山—巫山—雪峰山之间，包括内蒙古高原、黄土高原、云贵高原和塔里木盆地、准噶尔盆地和四川盆地等大的地貌单元；第三级阶梯则为大兴安岭—太行山—巫山—雪峰山以东的部分，主要包括东北平原、华北平原、长江中下游平原、江南丘陵、辽东半岛丘陵、山东半岛丘陵、东南沿海丘陵和两广丘陵等平原和丘陵地带。

人类文明多依水而生。对孕育出中华文明起到最为关键作用的两条大河——黄河和长江即发源于第一阶梯青藏高原，流经第二级、第三级阶梯后，最终汇入大海。可以说，正是黄河、长江及其众多支流的存在，才让地貌地形迥异、分处各地的中华早期文明既有着丰富多元的发展面貌和进程，又为不同地区的先民群体的碰撞、交流和融合提供了前提条件，为中华文明多元一体格局的形成奠定了自然基础。

---

① 刘源：《周承殷制的新证据及其启示》，《历史研究》2016年第2期。

除了以自然地貌为划分标准外，还有一条广为人知的中国人口地理分界线，这就是"胡焕庸线"。"胡焕庸线"是地理学家胡焕庸于1935年提出的，他根据当时收集和估算的全国各县人口数据，绘制了中国第一张人口等值线密度图，并由此提出了一条瑷珲（今黑河）—腾冲分界线，直观而形象地反映出我国人口分布西疏东密的不均衡状况。此后，诸多研究都显示出"胡焕庸线"不仅是中国人口分布的稳定界线，也是一条反映我国自然环境、经济发展水平、社会历史条件差异、民族分布、城镇化水平的重要参考线[①]。

"胡焕庸线"以东包括我国第二级阶梯东南部分和整个第三级阶梯，地形结构以平原和丘陵为主；以西则包括我国第一级阶梯和第二级阶梯西北部分，以高山、高原为主。"胡焕庸线"东西人口分布格局的现状与两侧显著的气候、环境特征密切相关。

虽然古代中国特别是中华文明起源、形成阶段的气候环境与今天差别较大，但若将自约1万年前起的新石器时代各文化遗址标注出来，便能发现绝大多数新石器时代遗址皆地处"胡焕庸线"东侧。我国东西部差异格局自中华文明诞生之日起便已经奠定，其原因正是客观存在的自然地理环境。东侧的自然地理环境不仅为中华文明的起源和形成提供了必不可少的物质基础，而且以平原、丘陵为主的地貌特征使得分布各处的先民群体能够互相交流，这种缺少天然屏障的地理环境确保早期中华文明内部在碰撞、交往中走向融合，并最终形成了以中原文明为核心的中华文明。可以说，"胡焕庸线"东侧的地理环境使得中华文明天然地具有内向凝聚力，同时也是中华文明的突出连续性最为基础的内生性动力。

---

① 　张轲风：《历史情境中的"胡焕庸线"》，《读书》2021年第1期。

2. "以农为主"与持久稳定性

民以食为天，农业是古今中国国家治理与发展的首要大事。从文明的起源和形成角度来看，定居农业正是中华文明形成和发展的重要前提。在距今1万年左右，我国北方地区和南方地区分别开始出现人工栽培粟、黍和水稻。其中，北京门头沟东胡林遗址出土的炭化粟、黍是目前所知最早的人工栽培粟、黍，这一发现为研究粟和黍的驯化时间、地点和驯化过程提供了至关重要的考古实物证据，对探讨以粟和黍两种小米为主体农作物的中国北方旱作农业的起源具有重要学术价值[①]；浙江义乌桥头遗址发现的大量稻作遗存，则表明在9000年以前稻谷已经成为桥头先民的重要食物来源之一，同时说明我国长江中下游地区是稻作起源和水稻驯化的重要地区[②]（图38）。

距今8000年左右是中国新石器时代考古学文化的关键发展时

图38　北京门头沟东胡林遗址出土炭化粟粒、浙江义乌桥头遗址出土炭化稻粒

---

① 赵志军、赵朝洪、郁金城等：《北京东胡林遗址植物遗存浮选结果及分析》，《考古》2020年第7期。
② 郑云飞、蒋乐平：《上山遗址出土的古稻遗存及其意义》，《考古》2007年第9期。

期，也是早期农业发展的关键阶段。随着人工驯化农作物的传播、扩散，这一时期在中国南方和北方都出现了定居农业聚落，其中带有稻作农耕特点的遗址有湖南澧县彭头山遗址和八十垱遗址、浙江萧山跨湖桥遗址和嵊州小黄山遗址、河南舞阳贾湖遗址等，带有旱作农耕特点的遗址有河北武安磁山遗址、河南新郑裴李岗遗址和沙窝李遗址、山东济南月庄遗址、甘肃秦安大地湾遗址、内蒙古敖汉兴隆沟遗址、辽宁沈阳新乐遗址等。从列举的各遗址分布情况就能看出，这一时期的人工栽培作物已经突破了起源阶段的范围而扩展至四方。农耕作物和技术的扩散、传播背后反映着不同地区考古学文化的交流、碰撞，可以说，这一时期的农业大发展是各地先民群体交流乃至融合的基础和结果。因此，有学者将距今 8000 年左右的时期视作中华文明的起源阶段[①]，而这正与农业、农耕存在密不可分的关系。

　　根据赵志军的研究，虽然在距今 8000 年左右农业迎来了巨大的发展，但整体而言，中国各考古学文化遗址的生业经济仍以狩猎采集为主、以农耕生产以及家畜养殖为辅，这一时期处于由狩猎采集向农耕生产转变的过渡阶段。而早期农业直到距今 6000 年左右才进入完成阶段，此时"农耕生产逐步取代采集狩猎，最终以农业为主导经济的农业社会正式建立"[②]。这一时期南方稻作农业以长江中游的大溪文化、屈家岭文化和长江下游的河姆渡文化、马家浜文化为代表，北方旱作农业则以仰韶文化为代表。农业社会的形成意义巨大，不仅体现在农作物的驯化和农耕技术的提升，更为重要的是从根本上改变了人

---

　　① 　韩建业：《先秦考古实证中华文明突出特性》，《历史研究》2023 年第 5 期。
　　② 　赵志军：《农业起源研究的生物进化论视角——以稻作农业起源为例》，《考古》2023 年第 2 期。

类社会的经济结构和社会结构，由此带来的种种革命性变化最终催生了人类文明。以中国为例，这一时期各地考古学文化无论在物质层面还是精神层面的创新都达到了新的高峰，"中华文明"在此时已经呼之欲出。

从上文的简要梳理可知，中国南、北方稻作农业和旱作农业、中部混作农业的格局自农业起源之初便已奠定，在农业起源和发展阶段的漫长时间里，水稻、粟、黍分别扩散、传播至中华大地的各个区域，成为中华文明形成的物质基础之一。随着文明社会的到来，农业真正成为中华民族赖以生存的根本，并由此生发了"以农为本""农业立国"的观念。可以说，这种观念的根源在农业起源与形成阶段便生根发芽，最终成为中华文明突出连续性的又一内生动力。

四、小结

习近平总书记在文化传承发展座谈会上的讲话中指出，"中华文明的连续性，从根本上决定了中华民族必然走自己的路。如果不从源远流长的历史连续性来认识中国，就不可能理解古代中国，也不可能理解现代中国，更不可能理解未来中国"[1]。习近平总书记关于中华文明突出连续性的论述，深刻诠释了理解和认识中华民族历史与文化的根本方法和视角。

通过对中华文明连续性的领会、研究和认识，可以更好地理解

---

① 习近平：《在文化传承发展座谈会上的讲话（2023年6月2日）》，《求是》2023年第17期。

中华民族的历史传承和文化脉络，深化对中华文化的认知和理解。中华文明的突出连续性表明中华文化具有强大的稳定性和有序的传承性，这对于增强文化自信、维护国家文化安全具有极其重要的意义。在全球化大背景之下，我们一方面需要吸收、借鉴世界范围内不同文明的优秀成果，另一方面更需要保持本国文明的稳定性和连续性，中华文明的突出连续性有助于在今天多元文化交流背景之下保持自身的独立性和特质。中华文明的突出连续性还为今天的中国提供了丰富的历史经验和智慧，正如习近平总书记在殷墟考察时所指出，只有更深地学习理解中华文明，古为今用，才能为更好建设中华民族现代文明提供借鉴。

除对中国内部具有非凡的意义外，中华文明的突出连续性同样具有世界性价值。中华文明作为世界唯一绵延不断且以国家形态发展至今的伟大文明，其突出连续性向世界展示了中华文化的独特魅力和价值，有助于提升中华文化在国际上的影响力和竞争力，同时，也为世界其他国家和文明提供了认识中国的方法与窗口，有助于促进不同国家之间的深入理解、交流与互鉴。

总之，中华文明突出连续性具有多方面的重要意义和价值。考古学则在研究、论证中华文明突出连续性方面有着不可比拟的优势，不同时期丰富的出土遗物、遗迹都为实证中华文明的突出连续性提供了直观、可视化的坚实证据，考古学者也因此更有义务和责任厘清中华文明突出连续性的细节、阐发中华文明突出连续性在当代的非凡意义。

革故鼎新　与时偕行

——中华文明的创新性

中华文明具有突出的创新性。中华文明是革故鼎新、辉光日新的文明，静水深流与波澜壮阔交织。连续不是停滞、更不是僵化，而是以创新为支撑的历史进步过程。中华民族始终以"苟日新，日日新，又日新"的精神不断创造自己的物质文明、精神文明和政治文明，在很长的历史时期内作为最繁荣最强大的文明体屹立于世。中华文明的创新性，从根本上决定了中华民族守正不守旧、尊古不复古的进取精神，决定了中华民族不惧新挑战、勇于接受新事物的无畏品格。

（摘自习近平《在文化传承发展座谈会上的讲话（2023年6月2日）》，《求是》2023年第17期）

传世的文献典籍对于中华文明的创新性有丰富的记载，但就百万年的人类史、一万年的文化史、五千多年的文明史而言，大量的发明创造、制度革新、思想凝练，或是在没有文字记载的时代形成和奠定的，或是不见于传世的文献典籍。因此，考古学是发现、丰富和实证中华文明突出创新性的必要手段，田野考古则是揭示中华文明创新性的第一现场。

一、创新性的考古学实证

认识中华文明突出的创新性，必须追溯起源、究其根本，唯此才能看清中华文明的创新驱动，建立更加深厚的创新氛围，从而为建设中华民族现代文明提供更有价值的借鉴。百年考古积累的资料表明，在历史中国，我们的先民们始终重视创新，强调"创新改旧""革故鼎新"，在数学、天文、农业、建筑、工艺技术、医学等多个方面取得了令人瞩目的成就，为今天中国留下了珍贵的"创新遗赠"。这些"创新遗赠"保留在南岭洞穴，深埋在东海之滨，雕刻在黄土沟壑，展示在长城内外，封存在雪域高原，书写在中华大地的每一寸泥土里。

1. 天文数学

中国是农业社会，农业种植就要知农时，农时是决定农业收成的先决条件，所以历朝历代对于天文学格外重视。天文考古学的研究表明，早在距今9000—8000年前的河南舞阳贾湖[①]、湖北秭

---

① 蔡运章、张居中：《中华文明的绚丽曙光——论舞阳贾湖发现的卦象文字》，《中原文物》2003年第3期。

归东门头①等遗址，出土的"目"字纹、太阳人纹（图39），反映了先民已经开始关注天文。距今7000年前后的湖北秭归柳林溪②、安徽蚌埠双墩③等遗址出土的刻画符号，不乏与天文相关的图案④。距今6500年左右的河南濮阳西水坡龙虎形蚌塑⑤，其实就是"青龙白虎北斗星象图"，与相隔四千年的战国曾侯乙墓的星象图相差无几⑥。

在距今4000多年前的陶寺遗址，当时的统治者们建造了当时最为先进的观象台，利用观测点—墙体缝隙—塔儿山三点一线的原理，记录每天太阳的升起位置，观测节气的到来时间，进而把握农时⑦。除了天文遗迹之外，敦煌、重庆、荆州等地出土的竹简、木牍都记载有天文历法的相关内容。

天文历法需要精确的数学计算，从而促进

图39　湖北秭归东门头遗址出土太阳人石刻

①　国务院三峡工程建设委员会办公室、国家文物局：《秭归东门头》，科学出版社，2010年。

②　国务院三峡工程建设委员会办公室、国家文物局：《秭归柳林溪》，科学出版社，2003年。

③　安徽省文物考古研究所、蚌埠市博物馆：《蚌埠双墩——新石器时代遗址发掘报告》，科学出版社，2008年。

④　冯时：《湖北秭归东门头石碑及相关问题研究》，《中原文物》2023年第2期。

⑤　濮阳市文物管理委员会、濮阳市博物馆、濮阳市文物工作队：《河南濮阳西水坡遗址发掘简报》，《文物》1988年第3期。

⑥　冯时：《中国天文考古学》，中国社会科学出版社，2010年。

⑦　武家璧、陈美东、刘次沅：《陶寺观象台遗址的天文功能与年代》，《中国科学》2008年第9期。

了数学的发展。早在五千多年前，红山文化先民用石块垒成三个同心环形圆坛（图40）。由于三环石坛总体保存尚好，因此可知各环直径的尺寸分别为11米、15.6米、22米。三者恰好大致构成等比数列，即内环直径/中环直径＝中环直径/外环直径，而这样的关系与

图40　辽宁朝阳牛河梁遗址第二地点祭坛、积石冢

《周髀算经》七衡图中的内衡、外衡关系完全一致①。由此说明，早在五千年前中华先民就已经掌握了深奥的数学知识。

此外，陕西西安神禾原战国秦陵墓出土的象牙算筹，根据筹身施彩的差别可分为红白筹和红黑筹两个主要类别，其与《九章算术》提到的用于正负数运算的"赤黑算"有关。这一考古发现，将中国古代使用正负数概念进行运算的时间提早至战国晚期，相比于《九章算术》中记载的"正负术"早了两百余年，与国外最早由古印度数学家在公元7世纪提出的正、负数的四则运算法相比则早了八百余年②。近年来，湖北荆州秦家咀墓地出土的战国楚简《九九术》，是迄今为止发现的最早的乘法口诀实物，证明了在战国时期的楚国就已经开始使用乘法口诀进行计算。

2. 稻粟六畜

中华文明以农业文明为主体。发生于距今万年前后的农业起源，标志着人类从摄取性经济到生产性经济的转变，从狩猎采集生活向种植、家畜饲养生活的转变，开创了人类控制和创造食物资源的新时代，也成为旧、新石器时代之间最为重大的区别之一。因此，也有学者称其为"农业革命"③。自农业起源以来，以种植业、家畜饲养业为内核的农业活动的每一次创新，都会深刻地影响到人类社会经济结构的改变、人口的增长以及社会组织方式和文化融合方式。农业活动的创新，主要集中在农业要素的创新，例如农作物品种、

---

① 冯时：《红山文化三环石坛的天文学研究——兼论中国最早的圜丘与方丘》，《北方文物》1993年第1期。

② 郭妍利、李振飞：《神禾原战国秦陵墓出土涂色算筹初识》，《考古与文物》2023年第3期。

③ 〔美〕罗伯特.J·布雷伍德著，陈星灿译：《农业革命》，《农业考古》1993年第1期。

家畜种类、生产工具、耕作理念、水利资源利用等方面的创新。

考古学的研究表明，农业起源在东亚、西亚和中美洲几乎是独立发生的，而中华大地为世界农作物种的创新培育做出了卓越贡献，其中最突出的莫过于粟黍和水稻[1]。

粟黍是典型的旱作农业作物。在距今1万年前后，粟黍的起源在我国的北方地区已有迹可循。至距今8500年左右，北方地区发现有大量粟黍证据和定居聚落，如河北康保兴隆[2]、尚义四台[3]，内蒙古化德四麻沟[4]等遗址。距今8000年，中国北方地区出现了第一次人口爆发，黄河流域的老官台、磁山-裴李岗、后李、兴隆洼等考古学文化区普遍形成了以粟黍为核心的种植农业（图41、42）。之后的仰韶文化、龙山文化以及先秦两汉考古都发现有粟黍种植的遗存[5]。在青海民和喇家距今4000多年

图41　河南新郑裴李岗、郏县水泉遗址出土石镰

图42　河南新郑裴李岗遗址出土石磨盘和石磨棒

① 赵志军：《植物考古学及其新进展》，《考古》2005年第7期。
② 邱振威、吴小红、郭明建等：《河北康保县兴隆遗址2018—2019年植物遗存浮选结果及分析》，《考古》2023年第1期。
③ 河北省文物考古研究院、张家口市文物考古研究所、尚义县文化广电和旅游局：《河北尚义县四台新石器时代遗址》，《考古》2023年第7期。
④ 内蒙古自治区文物考古研究所、故宫博物院、乌兰察布市博物馆等：《内蒙古化德县四麻沟遗址发掘简报》，《考古》2021年第1期。
⑤ 邓振华：《粟黍的起源与早期传播》，《考古学研究（十三）》，科学出版社，2022年，第174—178页。

前的一处地震灾难遗址，劫后废弃的房屋下面，就倒扣着一碗粟黍做的面条。这是迄今全球范围内发现的年代最早的面条，所用的原料是粟黍①，说明古人对粟黍的加工烹饪工艺已十分成熟。

水稻是当今世界食用人口最多的粮食作物之一。植物考古的成果证明，中国是水稻的起源地。湖南道县玉蟾岩、江西万年仙人洞、浙江浦江上山等遗址发现了万年以前的栽培稻谷炭化实物或栽培稻谷植硅石，将人工栽培水稻的时间上溯到1万年以前。这些遗址的考古研究表明，长江中下游是中国乃至世界范围内最早开始稻作农业的地区②。

稻作的驯化可看作"农业种子"的创新，同时为了扩大农业种植面积、提高单位面积的产量，中华先民们形成了先进的田间管理经验。浙江余杭茅山③、施岙④等遗址发现有距今7000—4500年不同阶段的大规模古稻田，生动展示了史前时代"农人"的耕作理念。这些古稻田成片分布，紧邻河道河堤，阡陌纵横，井字形地块，灌溉水渠与田埂布局合理。田间地头还遗留有石刀、石镰等先民从事农作活动留下的器具，在居住遗址还发现有石犁、铲等农具。这些设施与稻田构成了完善的水稻种植和田间管理系统，是较为成熟的稻作农业社会的体现。

此外，植物考古的研究表明，新石器时代晚期出土的炭化稻谷

① 吕厚远、李玉梅、张健平等：《青海喇家遗址出土4000年前面条的成分分析与复制》，《科学通报》2015年第8期。

② 郑云飞：《中国考古改变稻作起源和中华文明认知》，《中国稻米》2021年第4期。

③ 赵晔：《临平茅山的先民足迹》，《东方博物》2012年第2期。

④ 浙江省文物考古研究所、宁波市文化遗产管理研究院、余姚市河姆渡遗址博物馆：《浙江余姚市施岙遗址古稻田遗存发掘简报》，《考古》2023年第5期。

形态饱满，有些古稻田的土壤里包含有大量的炭屑，且共存的杂草种子不多，很可能反映了先民们在焚地开荒、良种选育、除草等方面已经采取了有效的措施①。

种子的优选、田间管理的精细化，极大地推动了粮食产量的增长，人们也积累下了余粮。在浙江良渚古城莫角山宫殿区附近，专门存储了10万千克以上的粮食储备；湖南澧县鸡叫城一座大型建筑旁边也保存有2万千克的稻谷，数量惊人②。大量粮食的盈余，意味着粮食储备技术的提高。在长江中游的屈家岭文化聚落，院落房屋的旁边常常设置有干栏式的高仓，能够做到防潮护粮③；在河南淮阳的时庄遗址，出土了距今3800年前后大大小小的粮仓，学者们推测可能是二里头文化时期的"国家粮库"④。

在黄河、长江流域广泛种植粟黍、水稻的同时，考古学家在珠江流域很少发现粮食遗存。从附着于陶器、石器之上的残留物推测，在中国可能存在第三条独立的农业起源途径，即以种植芋头等块茎类作物为特点的热带原始农业起源⑤。

考古学还揭示了大豆在中国的驯化历程。大豆与水稻、粟等淀粉粒为主的谷物不同，在其被驯化之前，人们已经有长期采集、利

① 吴传仁、刘辉、赵志军：《从孝感叶家庙遗址浮选结果谈江汉平原史前农业》，《南方文物》2010年第4期。

② 湖南大学岳麓书院、湖南省文物考古研究院、四川大学考古文博学院：《湖南澧县鸡叫城遗址新石器时代大型木构建筑F63》，《考古》2023年第5期。

③ 王小溪、张弛：《〈喜读淅川下王岗〉推定之"土仓"与"高仓"续论——汉水中游史前地面式粮仓类建筑的进一步确认》，《考古与文物》2018年第2期。

④ 河南省文物考古研究院、北京大学考古文博学院、周口市文物考古所：《河南淮阳时庄遗址发现夏早期粮仓》，《中国文物报》2021年1月29日第8版。

⑤ 赵志军：《中国农业起源研究的新思考和新发现》，《光明日报》2019年8月5日第14版。

用野生大豆的经验。在仰韶文化的中晚期，可能由于农业种植活动的增多、狩猎行为的减少，含有高油脂、高蛋白的大豆被列为农业种植的重要品种，能够在一定程度上弥补野生动物资源减少后，人类摄取蛋白质不足的问题。当然也不排除种植大豆以恢复农田肥力的作用①。

迄今为止的考古研究显示，小麦是距今4000年前后传入中国古代文明核心区的外来作物品种。有意思的是，在相当长的时间内，小麦的种植并不普遍，可能与其抗旱性不及粟黍，以及人们食用粒食或麦屑的口感不佳有关。直到东周时期，北方大型灌溉设施的完善，使得小麦的种植面积逐步扩大②。同时，随着磨面技术的创新发明，小麦从粒食转变为磨粉食用，口感上升，才逐渐被人们所接受③。

除此之外，中国先民在部分动物的驯化方面做出了创新性贡献（图43、44）。动物考古的研究表明，家猪是在多地区被分别驯

图43 浙江余姚河姆渡遗址出土刻猪陶器

图44 山东胶县三里河遗址出土狗形陶鬶

① 钟华：《也谈"五谷丰登"》，《中国社会科学报》2022年7月27日第9版。
② 赵志军、贝云：《小麦：秦统一天下的力量》，《中华遗产》2010年第1期。
③ 傅文彬、赵志军：《中国转磨起源与传播诸问题初探》，《中国农史》2022年第1期。

化成功的，中国是起源中心之一①。中国境内最早的家猪骨骸出土于距今9000年前后的河南舞阳贾湖遗址。距今1万年前后在河北徐水南庄头遗址出土了驯化狗的遗骸。

3. 建筑力学

定居是农业社会的永恒追求。距今9000年左右，长江中游的彭头山文化、长江下游的上山文化先民开始垫台修屋、挖沟设防，建造了东亚地区最早的一批环壕聚落②。更为难得的是，由于挖沟堆土的经验积累，至距今6100年前后，大溪文化先民在湖南澧县城头山遗址堆筑了中国最早的城墙，开启了长江中游地区的筑城浪潮③。距今5300年左右，位于河南郑州的西山遗址创新性地采用版筑技术修建了城墙，这与南方普遍存在的堆筑技术有所不同④。稍晚一些，河套地区的史前先民很可能借鉴了红山文化石砌高台的做法，有效利用当地的石料资源，发动了石城的建设运动。这一运动在距今4300年左右被陕西石峁遗址的先民发扬光大，石峁古城拔地而起，高大的皇城台矗立城中（图45）⑤。至此，中华大地形成了北方石城、黄河流域夯筑城、长江流域堆筑城三道文化景观，这一现象也充分展示了古代先民因地制宜的创新。

大型城垣的建设只是中华先民创新实践的一部分。他们还根

---

① 袁靖：《中国的古代家猪起源》，《西部考古（一）》，三秦出版社，2006年，第43—49页。

② 蒋乐平：《浙江义乌桥头遗址》，《大众考古》2016年第12期。

③ 湖南省文物考古研究所：《澧县城头山——新石器时代遗址发掘报告》，文物出版社，2007年。

④ 许顺湛：《郑州西山发现黄帝时代古城》，《中原文物》1996年第1期。

⑤ 陕西省考古研究院、榆林市文物考古勘探工作队、神木县文体局：《陕西神木县石峁遗址后阳湾、呼家洼地点试掘简报》，《考古》2015年第5期。

图45 陕西神木石峁遗址皇城台地点

据各地的自然环境特征对房屋建筑进行了创新。早在万年前后，河北尚义县四台遗址的先民们就修建有半地穴的房屋建筑。距今6000—4000年，由于南方潮湿多雨，干燥防潮的红烧土建筑应运而生，甚至出现了用红烧土作为基材的磉墩；磉墩之上，修建有三层阁楼，堪称土木建筑史上的创举。由于南方坑洼泥泞，湖南澧县鸡叫城的先民们用大块木板作为地平，减少房屋压强，避免建筑下沉（图46）。除此之外，距今5000年的一些房屋，创新性地发明了推拉门、落地窗、壁炉等设施，丝毫不输现代家居元素（图47）。

在黄河流域，夯土墙体的房屋成为主流。甘肃庆阳南佐（图48）①、陕西延安芦山峁②等中心聚落都建造有规模庞大的夯土院落式建筑，而且呈对称布局，为中国后世的中轴线建筑理念奠定了

① 韩建业、张小宁、李小龙：《南佐遗址初识——黄土高原地区早期国家的出现》，《文物》2024年第1期。

② 陕西省考古研究院、西北大学文化遗产学院、延安市文物研究所等：《陕西延安市芦山峁新石器时代遗址》，《考古》2019年第7期。

图46 湖南澧县鸡叫城遗址大型木构建筑

图47 湖北应城门板湾遗址大型建筑

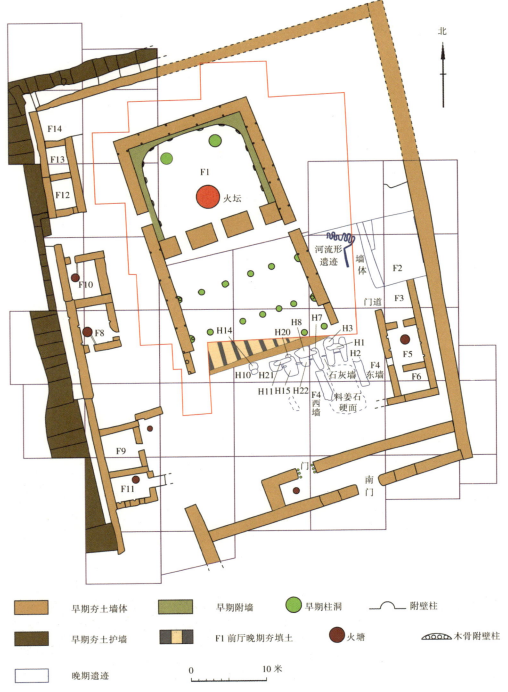

北

F14
F13
F12
F10
F8
F1 火坛
河流形遗迹 墙体
F2
门道 F3
F7 H8 H3
H14 H20 H1 H2
F5
石灰墙 F4东墙
F6
H10 H21 F4西墙 料姜石硬面
H11 H15 H22
F9
门
F11 南门

	早期夯土墙体		早期附墙		早期柱洞		附壁柱
	早期夯土护墙		F1 前厅晚期夯填土		火塘		木骨附壁柱
	晚期遗迹						

0   10 米

图48 甘肃庆阳南佐遗址大型院落建筑平面图

早期基础。同时，在山西襄汾陶寺遗址，人们夯筑了8000多平方米的大型台基，为建设最高统治者的宫殿筑垒高台。至二里头文化时期，中轴对称的夯土高台院落建筑极为普遍，更成为后世王朝的标配^①。

值得关注的是，发明于距今5000年前后的窑洞式建筑，改变了黄土高原木材资源匮乏、修建房屋受限的局面，适应了黄土高原腹地原梁峁地的优势，极大拓展了黄土高原先民居住的广度和人群活动的范围，为该地区文明的延续和发展提供了支撑^②。与窑洞的空间分布接近，距今6000—4000年，黄土高原及其周缘地带陆续出现了陶瓦（图49）^③。这些陶瓦的发明，增加了建筑的美感和舒适度，是中华先民创新性的又一展示。此外，先民们在4000多年前就烧制了

图49 陕西延安芦山峁遗址出土陶瓦、泥抹子

① 许宏：《最早的中国》，科学出版社，2009年。
② 张弛：《窑洞征服史前黄土高原》，《考古与文物》2022年第2期。
③ 彭小军：《史前陶瓦与窑洞式建筑的关联性蠡探》，《文物春秋》2020年第6期。

白灰，发明了泥抹子，用以涂抹装饰建筑①；制作规范的排水管道，甚至还有三通，用来输排聚落内部的雨水污水②。

4. 水利工程

水利是定居农业社会生存和发展的必要基础。中国古代是农业社会，人们对于水利资源的管理和利用从定居聚落的产生即已开始。

位于湖南澧县的八十垱遗址，是距今9000年前的彭头山文化聚落。先民们在一条流经聚落的河流边缘，开挖了数个小坑，作为种植水稻的坑田，从事农田的管水用水活动。尽管"坑田"的用水量不大，且管理简单，但反映了人们在水利方面的创新行为③。几乎同时，彭头山、上山文化的先民们又在聚落附近开沟挖塘，作为储水用水的设施。

史前水利工程最为重大的创新则是在距今5000年前后良渚先民修建的大型水利工程。考古调查和发掘显示，良渚先民为了应对自然环境的挑战，在良渚古城西、北方向的山口等地修建了一系列的水坝设施。这些设施构成了完备的水利系统，与古城内外的水网连成一体，发挥着防洪、运输、调水、灌溉等诸多功能④，充分展示出良渚先民先进的治水理念和水利工程规划、组织、建造能力。良渚大型水利工程规划和建造堪称世界水利史上的璀璨明珠。

---

① 陕西省考古研究院、西北大学文化遗产学院、延安市文物研究所等：《陕西延安市芦山峁新石器时代遗址》，《考古》2019年第7期。

② 河南省文物考古研究院、北京大学考古文博学院、周口市文物考古研究所等：《河南淮阳平粮台遗址2018年度发掘简报》，《华夏考古》2019年第4期。

③ 郭立新、郭静云：《从稻田遗存看稻作农业的起源与发展（初稿）》，《中国农史研究的新视野》，科学出版社，2015年。

④ 刘斌、王宁远：《2006—2013年良渚古城考古的主要收获》，《东南文化》2014年第2期。

图50　湖北沙洋城河遗址航拍

　　值得注意的是，我国幅员辽阔，降水时空分布不均匀，各地的治水理念也不尽相同。最新的研究成果揭示，长江中游大大小小的史前城址，其实就是规模不等的水利设施[①]。在湖北荆门沙洋县的城河遗址（图50），城外东北的泊阳湖、邓关台地点发现屈家岭文化时期人工堆筑的水坝。其横跨城河支流河谷，用于拦截城河支流水资源，在北部区域形成蓄水区，水资源可借助北部岗地的人工沟渠进入城内，实现城内旱季供水、雨季排水功能。测算表明，城河遗址的蓄水区至少可储备100万立方米的水量，相当于现代小型水库的储水量。除了筑坝建水库之外，城河先民还采用筑墙挡水、分级蓄水相结合的方式，在阻拦洪水的同时用水管水。与城河遗址相距60千米的屈家岭遗址也建造水坝、形成水库，容量与城河接近（图51）。

　　① 刘建国：《中国史前治水文明初探》，《南方文物》2020年第6期。

图51　湖北屈家岭遗址水坝

　　数千年积累的丰富治水经验最终为郑国渠、都江堰、灵渠、大运河等超大型水利设施的修筑奠定了基础。这些集水利、运输于一体的大型工程，其规划理念和建造技术是人类水利史上的创举。

5. 烧制陶瓷

图52　湖南道县玉蟾岩遗址出土万年前陶器

　　距今2.5万—1万年前，各地旧石器时代不同程度地走向了末期，以磨制石器、陶器、农业为标志的新石器时代来临。

　　江西万年仙人洞遗址发现的迄今世界上最早用于炖煮食物的陶容器可早到约2万年[①]。以南岭为中心的湖南道县玉蟾岩[②]（图52）、广西桂林甑皮岩[③]和大岩[④]、广东英

----

① Xiaohong Wu et al., "Early Potty at 20000 Years Ago in Xianrendong Cava, China," *Science*, Vol.336, No.6089, 2012, pp.1696-1700.

② 袁家荣：《湖南旧石器时代文化与玉蟾岩遗址》，岳麓书社，2013年，第232页。

③ 中国社会科学院考古研究所、广西壮族自治区文物考古工作队、桂林甑皮岩遗址博物馆等：《桂林甑皮岩》，文物出版社，2003年。

④ 刘晓迪、胡耀武、王树芝等：《广西大岩和顶蛳山遗址陶器残留物分析及相关问题》，《考古》2023年第7期。

德青塘① 等多个遗址出土了万年前的陶器。其中，甑皮岩遗址所出陶器胎厚、粗糙、制作痕迹清晰，显示出极强的原始性，被称为"陶雏器"。

与之几乎同时，北方地区的河南新密李家沟、河北徐水南庄头、北京怀柔转年和门头沟东胡林等遗址都发现了万年前后的陶器②。陶器的发明，拓宽了人类生活的广度，一方面可以作为容器，存储采集到的植物的种子、果实或鱼类、软体动物等资源；另一方面，可以作为炊器加热食物，使食物更加可口、便于消化，扩大了人类可食用资源的品质。例如，残留物的检测结果显示，广西北部地区万年陶器的出现可能与螺蛳的烹煮有关③。

然而，中华先民们不满足于陶器的发明，他们发挥聪明才智，提高陶器的质量和美感。距今10000—9000年，常年活动于浙江金衢盆地的上山文化先民们，创造性地将白彩绘制于磨光红陶之上，发明了世界上最早的彩陶④。

陶瓷是最为重要的中国符号。成熟瓷器的出现，意味着人们已经掌握了原料筛选的精度、快轮拉坯的工艺、施釉的技术水准、控温的设施理念。这些因素共同作用，才能将水、土、火的艺术融合为精美的陶瓷。考古研究显示，这些因素的出现也并非一蹴而就或同时出现，而是经过史前至青铜时代漫长的匠心创新而成的。

---

① 广东省文物考古研究所、北京大学考古文博学院、英德市博物馆：《广东英德市青塘遗址》，《考古》2019年第7期。
② 陈宥成、曲彤丽：《中国早期陶器的起源及相关问题》，《考古》2017年第6期。
③ 刘晓迪、胡耀武、王树芝等：《广西大岩和顶蛳山遗址陶器残留物分析及相关问题》，《考古》2023年第7期。
④ 蒋乐平：《浙江义乌桥头遗址》，《大众考古》2016年第12期。

距今7000年前后，在湖南洪江高庙、桂阳千家坪等遗址①，发掘出土了大量的白陶，其是表里和胎质都呈白色的一种素胎陶器（图53）。与普通泥料烧制的陶器不同，白陶以瓷土和高岭土为原料，原料与瓷器接近，而且白陶所需烧成温度高达1000℃左右，而普通陶器的温度则为600—800℃。从选料、烧制等环节来看，白陶的技术要求要高于普通陶器，为陶向瓷的转变做到了原料、烧制技术的准备。

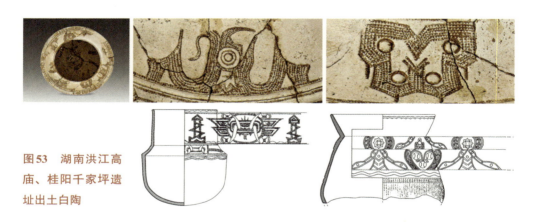

图53　湖南洪江高庙、桂阳千家坪遗址出土白陶

距今5300年左右，长江中游、长江下游、黄河下游的广大区域已经出现了快轮拉坯的成型技术，这意味着人们开始使用高速旋转的轮轴机械，高效生产器形规整、胎坯均匀的陶坯体，标志着陶器产业革命的到来，也为后世利用快轮制作瓷坯奠定了技术基础②。这一时期，人们采用渗碳和磨光工艺，制作出了光滑亮美的磨光黑陶（图54）。

距今5000年前后，湖北荆门屈家岭遗址出土的蛋壳彩陶杯，

①　湖南省文物考古研究院、科技考古与文物保护利用湖南省重点试验室：《桂阳千家坪》，科学出版社，2022年；湖南省文物考古研究所：《洪江高庙》，科学出版社，2022年。

②　彭小军：《史前陶器成型技术类型的分布和演变》，《江汉考古》2021年第1期。

代表当时陶工的尖端技术。观察发现，蛋壳陶杯有的仅厚0.5毫米，不排除使用了刮削、固定为一体的先进设施。而且，陶杯的黑色表面层已被烧至玻璃化的黑釉状态，已不仅仅是简单的施彩或渗碳磨光，说明当时的人们已经掌握了更高级的施釉和烧制氛围的调控技术[①]（图55—57）。

图54 山东胶州三里河2100号墓出土磨光黑陶带盖罍

从产品性能的角度观察，原始瓷是陶向瓷发展之路上的重要环节。它一

图55 湖北沙洋城河遗址224号墓出土部分陶器组合

① 肖芮、罗运兵、陶洋等：《屈家岭遗址史前黑釉蛋壳陶研究》，《江汉考古》2022年第2期。

图56　陕西华县太平庄遗址出土陶鸮鼎

图57　上海福泉山74号墓出土细刻纹陶器局部

般采用含钙量较低的黏土做坯，经1200℃高温烧制，器表施高温钙釉。商周时期，原始瓷分别出现于大江南北的多个遗址，而且器形种类丰富。关于其生产地学术界莫衷一是，但考古工作者在南方的福建、浙江、江西一带发现大量的用于烧制原始瓷的陶窑设施①，其中一些窑址不排除为龙窑的可能性②，为探索原始瓷的来源提供了线索。这些技术是世界范围内年代最早的，代表了中华先民在世界陶瓷史上的重大贡献。

6. 治玉铸铜

玉器是中华文明最有特色的符号。早在距今9000年前，黑龙

①　秦超超：《试论夏商时期中国东南地区原始瓷产地的发展与特点》，《南方文物》2021年第1期。

②　郭志委：《识别龙窑——中国古代窑炉与烧制技术演变》，《中国社会科学报》2018年11月8日第7版。

江的小南山遗址已经开始了用玉活动。在距今8000年前后的兴隆洼文化，玉器常常出现于聚落之中。距今5500年前后，红山文化的玉猪龙、凌家滩文化的玉龙雕琢之精美令人惊叹（图58）。距今5000年前后，良渚文化广泛使用的玉琮、玉璧，常常在表面雕刻有神徽，线条细如头发丝，相当于微雕（图59）。距今4000年前后，活动

图58 安徽含山凌家滩遗址出土玉龙

于长江中游的肖家屋脊文化，拥有大量雕刻精美、设计灵动的玉器，堪称中国史前治玉的巅峰（图60、61）。从夏商周至明清时期，玉器一直都是中华文明的标识。

如果说玉器是中华文明的自主创新，那么铜器冶炼则属于"次生发明"。这也是中华文明创新性的体现。学术界一般认为，冶铜可能先出现于西亚地区，并于距今4000年前后传播至中国西北、黄河中游、长江中游的广大区域[①]。但是，近年来在长江中游地区距今5100—4300年的屈家岭、石家河文化遗址中，频繁出土铜矿石或孔雀石（图62），因此有学者也提出我国长江中游是冶铜的起源地之一[②]。诚然，两种认识都有相应的学术支撑，而长江中游起源说还需要更丰富、扎实的证据支持。毋庸置疑的是，在距今4000年前后，

---

① 许宏：《东亚青铜潮》，生活·读书·新知三联书店，2021年。

② 郭静云、邱诗萤、范梓浩等：《中国冶炼技术本土起源：从长江中游冶炼遗存直接证据谈起（一）》，《南方文物》2018年第3期。

图59　浙江余杭反山23号墓

中华先民们发挥聪明才智，对冶铜技术进行改良升级，将中国古代创造的制陶技术引入到铜器的复合范铸之中，形成伟大的次生发明。

　　考古工作揭示，在山西襄汾陶寺、河南登封王城岗等遗址都发现有青铜容器残件，这意味着龙山时代的先民已经发明复

图60 湖北天门石家河遗址出土玉凤

图61 湖南澧县孙家岗遗址
出土玉凤

图62 湖北屈家岭遗址出土铜矿石

合陶范铸造青铜器的技术[1]，明显有别于西方和欧亚草原的石范法、失蜡法技术。二里头文化时期，已经能铸造出鼎、爵等形

----

[1] 任式楠：《中国史前铜器综论》，《中国史前考古学研究》，三秦出版社，2004年，第391页。

图63　河南偃师二里头遗址出土铜鼎

制复杂的青铜酒礼器（图63），而且发明了绿松石铜牌饰、镶嵌绿松石铜镜或钺这样高超的铜镶玉制品。

到晚商时期，更铸造出了司母戊方鼎等重器。在如此雄厚的技术积累下，周代迎来青铜器制作的巅峰，陕西周原、湖北随州、河南洛阳、山西侯马等多个遗址都出土有样式精美的鼎、簋、瓠、爵等青铜器，载有最早"中国"字样的何尊即在此时被铸造。这一时期，青铜礼乐文明深入人心，青铜器用关系宗法礼制，在祭祀、朝聘、婚丧、征伐等重要礼仪场合有着重要的礼仪功能，是礼乐社会重要的物质化载体，可以直抵古人的精神世界（图64）。

青铜器能够在中国实现更新迭代，并风靡先秦两汉，与中华大地物产丰富的"硬实力"分不开。由于青铜器是合金技术制作而成，需要不同比例的锡、铅、铜进行混合，所以丰富的锡、铅、铜矿资源是青铜冶铸业的保障。近年的考古工作证明，从二里头时代开始，当时的统治阶级就将铜矿资源作为国家战略资源加以控制。中条山[①]、铜陵[②]一带就设置有专门的据点来管理和运输铜矿

---

①　中国国家博物馆、山西省考古研究院、运城市文物保护中心：《山西绛县西吴壁遗址2020年发掘简报》，《中国国家博物馆馆刊》2023年第6期。

②　安徽省文物考古研究所、肥西县文物管理所：《安徽肥西县三官庙遗址夏商时期遗存发掘简报》，《考古》2023年第11期。

图64 湖北随州擂鼓墩曾侯乙墓出土青铜尊盘

石资源。在河南殷墟遗址的刘家庄北地点，考古揭露了专门放置铅块的库房①。里面码放了近300块大小不等的铅块，总重达3300千克。这些铅矿明显属于殷商王朝用于冶铸青铜器的储备物资。殷墟的考古研究还表明，一些锡金属被涂刷在了陶器的表面②，形成了锡衣陶，足见当时锡原料的丰富程度。

与青铜器类似，作为古代第一生产工具的铁器，其能被快速普及，也得益于中华文明的创新性。铁器制作最先出现于西亚，但当

---

① 何毓灵：《论殷墟刘家庄北地铅锭储藏坑性质》，《三代考古（八）》，科学出版社，2018年，第64—67页。

② 郭梦、何毓灵、李健民等：《殷墟锡衣仿铜陶礼器的发现与研究》，《考古学报》2020年第2期。

时是块炼技术，即将铁矿石炼成海绵状的铁块，经过反复捶打、锻造成型，但此技术效率低、浪费原料，且成品不够坚固耐用。春秋早期，中国中原地区率先发明了生铁冶炼技术[①]，战国至汉代发展出生铁韧化技术、生铁固态脱碳钢、炒钢技术和百炼钢技术。这些技术以生铁为本，代表了当时最为先进的钢铁冶炼技术，极大提升了铁器的生产效率和质量。大量钢铁工具和武器的普及促进了生产力发展和社会变革。

对金属的利用不仅限于青铜器、铁器，考古发现进一步展示了中华先民对金器制作的高超水平。考古工作者在新疆若羌小河墓地，甘肃玉门火烧沟、临潭磨沟，河南郑州商城、安阳殷墟、辉县琉璃阁，湖北武汉盘龙城，四川广汉三星堆等遗址都发现有早期的耳环、鼻饰、饰片、面具等黄金制品（图65）。它们在制作工艺方面较为复杂，以郑州商城发现的夔龙纹金箔为代表，其锻打工艺十分先进[②]，说明当时的人们已经掌握了金器的制作技术。盘龙城遗址出土的金箔，与绿松石器镶嵌组合成复杂的纹样[③]，是"金镶玉"的典型代表。

图65　四川成都金沙遗址出土太阳神鸟

---

①　韩汝玢：《天马-曲村遗址出土铁器的鉴定》，《天马-曲村（1980—1989）》，科学出版社，2000年，第1179—1180页。

②　袁广阔：《书院街商墓出土金器揭秘东西方文明交流》，《中国社会科学报》2024年3月1日第5版。

③　唐际根、吴健聪、董韦等：《盘龙城杨家湾"金片绿松石兽形器"的原貌重建研究》，《江汉考古》2020年第6期。

7. 养蚕缫丝

丝绸是中华文明的标识，中国古代也有嫘祖养蚕缫丝的传说，中国更是世界上最早养蚕缫丝的国家。考古工作表明，在距今6000年前后的山西夏县师村遗址，出土了6枚仰韶文化早期的石制和陶制蚕蛹，形态逼真、造型精美、工艺成熟，引人瞩目。该石雕蚕蛹长约3厘米，宽约1.3厘米，通体刻有螺旋状的横向弦纹，使用简洁的刻划纹勾勒出蚕蛹的头和尾部，形态酷似现代的家桑蚕蛹。尤其令人兴奋的是，在中原腹地仰韶文化时期的河南荥阳青台①、汪沟都发现了放置于瓮棺内的粘有炭化丝麻织品残留物，其中一处附着于幼儿的头骨之上。利用丝蛋白检测技术可证明这些遗存为丝织物残存，距今已有5500—5000年。这些考古发现和研究表明，至少距今6000—5000年，先民们已经开始养蚕缫丝。

进一步的研究表明，仰韶文化的丝织品已经具备了纱和罗两种形态，是比较成熟的丝织品。推测在此之前，丝绸在中国应该还经历了一个较为漫长的发展阶段。那么，丝绸在中华大地上究竟肇始于何时何地呢？近年来，考古工作者在距今8000年前的河南舞阳贾湖遗址出土人骨的腹部土壤样品中检测到蚕丝蛋白的残留物，为寻找丝绸的更早起源提供了重要线索②。

织机是中国古代纺织工业的又一项重要发明。从出土的商周时期的提花织物来看，当时已经发明了提花工艺和提花机。湖北江陵

---

① 张松林、高汉玉：《荥阳青台遗址出土丝麻织品观察与研究》，《中原文物》1999年第3期。

② 袁广阔：《中原仰韶文化丝织品的发现及其历史价值》，《光明日报》2020年10月19日第14版。

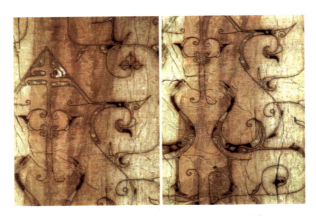

图66　湖北荆州马山楚墓出土对凤对龙纹绣局部

马山楚墓出土的舞人动物纹锦，以锯齿状的长方形做骨架，内填对龙、对凤和对舞人的纹样（图66）。目前发现的时代最早的提花机实物则见于四川成都老官山汉墓（图67）。老官山墓葬出土的4台汉代提花机，证明了在西汉早期已经使用这种织机来织造蜀锦，而且在墓葬中不同工种织锦人俑的出土，说明当时的蜀锦织造已经进入作坊式生产阶段①。汉代提花机织锦在织造前必须要先编一个花纹程序，与

图67　四川成都老官山汉墓出土提花机

---

① 冯永德：《浅谈成都老官山汉墓出土蜀锦织机》，《四川蚕业》2013年第4期。

当代计算机编程类似，提前设定的程序是可以连续反复使用的①。

8. 漆木工艺

早在9000年前后，上山文化、贾湖文化的先民发明了石凿，这是中国特有的制作榫卯结构的工具。在洞庭湖西岸，几乎同时代的彭头山文化，已经使用石器制作木器、编制芦席，极大地改善了人们生活的需求。利用简单的工具将树木变成日常所需的木器，是原始先民的伟大创举。年代稍晚的河姆渡文化不仅发现各种带有榫卯结构的建筑构件，还发现器物把手、船桨、耜、矛、桶、碗、锯形器等木器，尤其是一件朱漆木碗格外令人关注②。

其实，河姆渡文化的朱漆木碗并非最早的漆器，漆器艺术源远流长。早在距今8000年前，中华先民们就已经发明了制漆工艺，而且经过数千年的不断发展和改良，在距今5000年前后的良渚文化时期就出现了第一个高峰。浙江萧山跨湖桥遗址出土的漆弓是目前所知最古老的素髹漆器；马家浜文化遗址出土有髹漆陶器；湖北荆州阴湘城发现大溪文化的漆木簪；湖南华容七星墩遗址出土了精美的漆木碗。良渚文化的反山、瑶山、卞家山、水田畈、新地里等遗址都出土了丰富的髹漆器物。良渚文化的继承者、好川文化遗址里还出土有嵌玉漆器。在同时期西北地区的青海民和喇家、山西襄汾陶寺遗址都发现有漆器。尤其是陶寺遗址出土的漆木器，常见于大型墓葬中，器类有案、俎、几、匣、勺、豆、盆、盘、杯、觚、

---

① 罗群：《成都老官山汉墓出土织机复原研究》，《文物保护与考古科学》2017年第5期。

② 浙江省文物管理委员会、浙江省博物馆：《河姆渡遗址第一期发掘报告》，《考古学报》1978年第1期。

仓形器和鼓等。器外壁常以红彩为地，用红、白、黑蓝绿等色绘出图案，纹样严谨、漆彩艳丽①。到先秦两汉时期，漆器依然是高贵的奢侈品，更是高档的贸易商品（图68、69），有学者曾将丝绸之路

图68　江陵望山1号墓出土彩绘漆木屏形瑟座

0　　　　　　　10厘米

图69　湖北云梦郑家湖274号墓出土漆器

---

① 张飞龙、赵晔：《中国史前漆器文化源与流——中国史前生漆文化研究》，《中国生漆》2014年第2期。

也称作"漆器之路"①，足以显示中华漆器在世界文明中的地位和作用。

9. 传统乐器

在漫长的历史进程中，音乐文化是最辉煌绚丽的一章，是能被不同国别、不同族群的人们所普遍接受的艺术形式。乐器是音乐的重要载体，它的起源也许同人类自身一样古老。在田野考古发掘现场，不少遗址出土了笛、口簧、钟、磬、瑟、鼓等乐器，显示出古代中国为世界音乐做出的贡献。

其中，河南舞阳贾湖遗址出土的距今9000—8000年的七音骨笛②，是中国音乐史乃至世界音乐史上迄今所知年代最为久远、且保存最为完整的远古吹奏乐器，将中国七声音阶的历史提前到了8000年前。更令人惊叹的是，骨笛是用鹤的尺骨做成，每支长短、粗细、厚薄都不同，能够在如此不规则的骨管上计算符合音阶关系的孔隙，表明制作水平极为高超。

"吹笙鼓簧，承筐是将。"在陕西神木石峁、山西襄汾陶寺遗址，均发现有距今4000年左右的口簧实物③（图70）。据统计，口簧在世界范围内大约有1000种不同名称，作为一种世界性的原始胚胎型乐器，口簧

图70 陕西神木石峁遗址出土口簧

---

① 胡玉康：《文明对话与玉文化比较》，《深圳大学学报（人文社会科学版）》2016年第1期。

② 河南省文物考古研究所：《舞阳贾湖》，科学出版社，1999年。

③ 孙周勇：《陕西神木石峁遗址出土口簧研究》，《文物》2020年第1期。

图 71　湖北随州枣树林 190 号墓出土编钟

至今仍然流行于世界各地。石峁、陶寺等遗址出土的口簧是世界范围内年代最早的一批实物，是中华先民对世界音乐的又一贡献。

同样在陶寺遗址，高等级墓葬里常常放置有鳄鱼骨板，经过考古学家深入研究，发现这些鳄鱼骨板其实是鼍鼓或鳄鱼皮制品的残留物[①]。在墓葬中与之配套的还有土鼓、石磬等打击乐器，可看作一套组合乐器。两周时期更为复杂的乐器组合还有编钟，见于不少高等级墓葬之中（图71）。组合最完整的编钟则首推曾侯乙编钟，由19件钮钟和45件甬钟组成，是我国迄今发现数量最多、保存最好、气势最宏伟的一套编钟，代表了中国先秦时期礼乐文明与青铜器铸造技术的最高成就。

---

　　① 高江涛：《从黄河流域龙山时代鳄鱼骨板管窥中华文明演进历程》，《东方考古（第17集）》，科学出版社，2020年，第58—71页。

10. 传统医学

自中国考古学诞生以来，考古工作者发掘出土了丰富的古代医学遗存，为世人呈现了真实的中国古代医学图景①。

人骨鉴定和研究显示，早在新石器时代，中华先民们就已经能够使用石刀、黑曜石等工具刺破皮肉、排除脓血，甚至实施开颅手术②。

殷墟甲骨文中就有不少关于疾病的记载。甘肃、新疆、湖北、湖南、安徽等地出土的战国两汉简帛也记载有大量关于疾病和医学的内容，应是已形成体系的医学著作。最为震撼的发现是四川成都老官山汉墓出土的一件人体经穴俑，俑身刻有纵横复杂的经络线，并用圆点标识穴位，同时标注文字说明，说明至少在距今2000年前，中医静脉针灸理论就已经形成③。

在药物方面，考古发掘成果也不断刷新原有认识。安徽蚌埠双墩一号春秋墓出土的蜂蜡和动物油的混合物很可能为创伤药残留物④。陕西韩城姚庄坡东汉墓出土的薄荷，证明我国早在汉代就已经识别并使用薄荷⑤。云南洱源火焰山砖塔发现30种有汉文题记的药物，反映了800年前西南少数民族已经积累相当丰富的医药知识⑥。

---

① 赵丛苍、汶翰、张朝：《医学考古学初论》，《文物》2020年第12期；张海燕：《中国医学考古研究述要》，《考古》2018年第4期。

② 韩康信、陈星灿：《考古发现的中国古代开颅术证据》，《考古》1999年第7期。

③ 成都市文物考古研究所、荆州文物保护中心：《成都市天回镇老官山汉墓》，《考古》2014年第7期。

④ 杨益民、方晓阳：《蚌埠双墩一号春秋墓出土创伤药残留物》，《中国文物报》2009年3月27日第8版。

⑤ 张厚墉：《浅论韩城姚庄坡东汉墓出土的薄荷、薏苡和枣核》，《考古与文物》1983年第3期。

⑥ 转引自张海燕：《中国医学考古研究述要》，《考古》2018年第4期。

关于医用器具，考古发掘也有不少出土。例如，河北满城西汉中山靖王刘胜夫妇墓葬中出土有蒸药和制药所用的"医工"铜盆、滤药器、煮药锅，还出土有金银针，有的尖锐，有的稍钝，可能针对不同病症所用[①]。西安何家村出土有银锅、金锅、玛瑙臼等制药、温煮和贮药的医药器具，同时还出土了丹砂、石钟乳、白石英、密陀僧、琥珀等珍贵药材[②]。安徽巢湖唐代砖室墓出土陶制药碾一套[③]。浙江宁波唐宋遗址和五代、北宋的窑址中清理出石质、漆木、陶瓷医疗和医药用具数十件[④]。此外，江苏江阴明初墓葬中出土的铁柳叶形外科刀，与现代的手术刀相似[⑤]。

这些考古发现和研究无不说明，中国古代医学经过数千年的积累，已具备了成熟的医药思想、体系和设备，是医学领域重要的发展阶段，是世界医学史不可或缺的一部分。

上述大量的考古事实证明，中华民族在漫长的发展历程中，创造了辉煌灿烂的中华文明。创新的成果、创新的精神镌刻在中华文明的历史基因里，沉淀在中华儿女的血脉之中。

二、创新性的内在特质

百年考古表明，与世界其他文明体系相比，中华文明自古以来

---

① 中国社会科学院考古研究所、河北省文物管理处：《满城汉墓发掘报告》，文物出版社，1980年。

② 陕西省博物馆革委会、陕西省文管会革委会写作小组：《西安南郊何家村发现唐代窖藏文物》，《文物》1972年第1期。

③ 巢湖地区文物管理所：《安徽巢湖市唐代砖室墓》，《考古》1988年第6期。

④ 林士民：《浙江宁波出土的唐宋医药用具》，《文物》1982年第8期。

⑤ 江阴县文化馆：《江阴县出土的明代医疗器具》，《文物》1977年第2期。

在传承创新中发展，形成了独具特色、源远流长的价值观念和文明体系，铸就了创新性的突出特质。中华文明的创新性表现在以下几个方面。

1. 中华文明的创新性发生于各层面

丰富的考古资料多次证明，创新性发生于中华文明的方方面面。万年以来，创新精神活跃于中华大地的各个区域，体现在中华文明各个行业。纵观考古资料，中华文明的创新性发生的地域广、内容广、参与人员广。

中华大地幅员辽阔，占据多个气候带，拥有多种地形区，各地的物产及发展历程有着较大的差别，导致同一文化传播至不同地区易呈现出"橘生淮南则为橘、生于淮北则为枳"的现象。因此也孕育出中原文化、荆楚文化、巴蜀文化、吴越文化、齐鲁文化等各具特色的区域文化。尽管各区域气候环境、地理风貌、文化传统各有差异，但因地制宜、奋力创新的案例无处不在。从旧石器时代南北不同的石器制作传统，到新石器时代初期水稻、粟、芋头的区域粮食创新策略，以及稍晚时期夯筑、堆筑、石筑的造城技法，无不说明中国古代先民擅长在不同的地理环境下，因地制宜，开启自身的创新之路。长江中下游培育水稻、制作陶器，北方地区则种植耐旱的粟黍，黄河流域也养蚕织丝、培育大豆；南方修建有大型的水利工程，北方则有气势恢宏的石头王国……先民们发扬聪明才智，彼此接力，以一波又一波的创新浪潮，在中华大地书写着波澜壮阔的智慧传奇。

在中国古代，参与创新发明的人员十分广泛。有在日常生产中总结经验的能工巧匠，有组织大型工程的管理阶层，有耕作于田间地头的劳动者。如此导致中华文明的创新性十分深刻，涉及内容较为广泛，从吃穿住行，到工程建设、国家制度，具体则包含手工业、农业、艺术、交通、天文、建筑、军事、医学、文字、制度等多个方面。这里不乏许多影响深远、走向世界的创造发明。最早的陶器、最早的水稻、最早的丝绸、最早的陶瓷、最早的水利工程、最早的天文历法等，每一项发明都曾站上世界科技的巅峰，为人类社会的发展做出过不可磨灭的贡献。

　　除了上述影响力大的发明，中华文明关于日常生活的发明不胜枚举。例如，先民们在食物的加工方式上不断创新。距今8000年前后，活动于中原地区的裴李岗文化先民率先发明陶甑，让食物的烹饪方式在原有的烤、煮的基础上增加了蒸的选项，使得广泛种植的稻谷和粟黍可以进行蒸食。与之相关，2000年后在长江下游、黄河中下游等地出现了既可以煮也可以蒸的高效炊器——陶甗①（图72）。煮、蒸的烹食理念，与欧亚大陆西部古老的烧烤熟食的方式有很大区别，是中华先民在生活层面创新的代表案例。可以说，中华文明的创新性发生于各个行业，内容广泛。

图72　河南淮阳平粮台遗址出土陶甗

　　①　李晓杨、韩建业：《中国新石器时代陶甑、甗谱系研究》，《湖南考古辑刊（第12集）》，科学出版社，2016年，第215—239页。

2. 中华文明的创新性延绵不断

中华大地有着百万年人类史、一万年文化史、五千多年文明史。在历史长河中，这片土地孕育了无数的发明创造、技术改良和制度变革。这些创新性成果出现于中华文明的各个阶段，犹如此起彼伏的浪潮，不断推动中华文明的舰船扬帆远航。

在考古资料建立的历史图景面前，我们能够看到不同阶段、各式各样的技术革新。距今1万年，栽培水稻、房屋被先民们培育、建造出来；距今9000年，环壕聚落、彩陶、精美的玉器出现在世人面前；距今8000年，甘醇的美酒、悠远的笛声、远航的独木舟、绚丽精美的漆器一一走进先民的生活当中；距今7000年，珍贵的白陶、土木建筑的榫卯横空出世；距今6000—5000年，柔软的丝绸、先进的黑釉陶器、高超的大型水利工程、精美的玉礼器显示出创新的速度逐步加快；距今4000年，复杂的原始瓷、观象台成为这一时代最璀璨的创新；距今3000年，青铜制作技术的升华、车辆的改良、甲骨文的出现为中国记忆留下了浓墨重彩的一笔。距今2000年以来，中华文明的发明创造依然不断，文献对其有大量的记载。仅就考古出土资料而言，高度发达的天文历法、先进的提花织布技术、成熟的中医学体系，均反映了当时社会的发展高度。不难看出，自万年以来，中华大地的创新性发生于各个阶段，此起彼伏，延绵不绝。

同时，就中华文明的创新性成果而言，并非灵光乍现、一蹴而就，而是经过几代人上百年甚至数千年的接续努力才形成的。例如，瓷器是中华文明的文化标识，但是瓷器的出现则经历了几千年的技术准备。早在1万年前后，中华先民就用水、火、土发明了陶器。距今7000年前后，先民们能够采集与瓷土类似的原料，做好了瓷器发明的原料准备；距今5100年左右，工匠们发明了快速提拉坯体的轮车和简单的施釉技术，为瓷器的生产做好装备准备；距今3800年前后，龙窑的雏形开始出现，控温技术逐步成熟。这一时期，经过数千年的准备，原料、轮车、釉、控温等各项技术才最终汇聚在一起，烧制出了第一批原始瓷器。

不仅是陶瓷，作为四大发明之一的纸也是连续创新的成果。文献记载东汉蔡伦发明了纸，但科学考古的研究成果表明，雏形纸可能在更早的西汉时期就已经出现，新疆罗布淖尔汉代烽燧、甘肃肩水金关等遗址都出土有西汉的纸。不过，考古出土的西汉时期的纸，制作材料复杂、产品质量相对粗糙，不及东汉时期的纸张材料好、性能佳。科技检测的结果表明，以蔡伦为代表的发明家，总结了西汉雏形纸的处理经验，扩大了原料，改革了工艺，创造性地生产出物美价廉的纸张[1]。

值得注意的是，考古学是以物质文化研究见长的学科，但对于人类思想起源和演变的探索亦不曾止步。考古出土的文字无疑是探究古人思想的绝佳材料。在文字出现之前，刻划于陶骨上的符号、纹样，抹画在岩石上的图案，都是我们走近古人精神世界的通道。这些遗存也都经历了连续的变革。

文字出现经过漫长的时间和数次接力创新。早在距今8000—7000年，在淮河流域的双墩遗址、长江中游的柳林溪和高庙等遗址，出土有大量的陶刻划符号或压印纹样。柳林溪遗址出土的图

---

① 王菊华、李玉华：《从几种汉纸的分析鉴定试论我国造纸术的发明》，《文物》1980年第1期。

案，被认为是完整的九宫图形，展现了柳林溪先民的宇宙观[①]。双墩遗址出土的类似于蚕吐丝的符号，可能是古人天极观念的反映[②]。同时，高庙遗址出土的压印纹案，不乏一些尖角阁楼或木梯图案，或许跟远古的祭天礼仪有关。这些发现说明，距今8000—7000年，先民的宇宙观、祭祀观等传统的思想就已经产生。

初现于距今9000年兴盛于距今6500—5000年的彩陶文化则代表了先民思想传播的第一次高峰。半坡的鱼纹、庙底沟的鸟纹、大溪文化的绞索纽结纹展示了史前先民对于浩瀚大自然的认知，并借此表达内心的精神世界（图73—75）。

图73　陕西西安半坡遗址出土人面鱼纹彩陶盆

图74　陕西西安姜寨遗址出土鱼纹、鸟纹陶瓶　　　图75　湖北枣阳雕龙碑遗址出土彩陶盆

① 冯时：《华夏文明考源：柳林溪先民的宇宙观》，《中国文化》第57期（2023年春季号）。

② 李新伟：《中国史前陶器图像反映的"天极"观念》，《中原文物》2020年第3期。

距今5000—4000年，黄河下游、长江中下游出现了大批陶刻划符号。这些符号不乏写实的图案，也有写意的纹样。其中一些符号具有极强的共通性，在多个区域都可以看到。例如，在安徽蒙城尉迟寺遗址，一件大口陶缸上刻划着日、月、山的图案。这些图案很可能是象形文字。从刻划符号内容组成来看，有日，有月，有山，是古人对自然景象的一种抽象表现。类似的图案或部分图案在山东莒县陵阳河、湖北天门石家河等遗址都有发现，说明当时的人们很可能创造性地使用了跨区域的符号。而丁公遗址则出土了较为成熟的文字符号。交流的符号载体不仅限于陶器，玉器、石刻都是书写的载体。距今4000年，陕西石峁皇城台上的石雕图案（图76），竟与千里之外湖北天门石家河遗址肖家屋脊的玉神极为相似。

经过数千年的准备，至迟在商代晚期，中华先民已经发明了成体系的文字。甲骨文是迄今为止中国发现的年代最早的成熟文字系统，是汉字的源头和中华优秀传统文化的根脉，是中华民族为人类文明做出的重大贡献。甲骨文的出现标志着中国古代成熟文字的形成，为篆书、隶书等的演变奠定了坚实的基础。

总之，中华文明的创新性具有延绵不断的特点，而且大多数创新都是经历了数代甚至更长时间的积累。

3. 中华文明的创新性激发于世界文明的交流互鉴

中华文明一直与世界文明存在着多种形式的交流。在中华文明起源、形成、发展过程中，始终秉持兼收并蓄、开放包容，在交流互鉴中发展。至少在新石器时代，中华文明通过陆地与域外其他文明之间交流互动，从西亚地区接受了小麦、黄牛、绵羊、冶金术等先进的文化因素，丰富了中华文明的内涵。

图76 陕西神木石峁遗址皇城台大台基47号石雕

除了陆上交流，中华文明也通过海洋与外界发生着交流。古DNA、语言学、考古学的综合研究显示，早在新石器时代生活在我国东南沿海的先民，就乘风破浪，横渡台湾海峡，向太平洋群岛进发，形成了今天的南岛语族。与之相关，航行最直接证据就

是舟船的发现（图77）。浙江跨湖桥遗址出土的距今8000年左右
的独木舟，仅保存的局部长度就已达到了5.6米，宽度也有约0.52
米，内深则约0.15米。该舟用松木制作而成，船头上翘，周围散
布一些平行的长木和编织物。研究者认为此舟可能用于太湖和近
海航行。

图77　浙江萧山跨湖桥遗址出土独木舟

　　在广泛交流的背景下，根据出土的考古资料可知，中华先民
除了自主发明创造之外，还积极吸收域外技术，并对其进行改造升
级，使其在中华大地焕发新的风采，形成次生发明。

　　关于中国古代次生发明的案例，最典型的莫过于青铜器铸造
技术和冶铁术这两大技术。青铜器自新石器时代末期传入中国，主

要是一些工具小件。距今3800年左右，夏王朝的工匠们采用复合范工艺制作了鼎、爵等青铜容器，大大提升了青铜器的种类和艺术效果，受到社会上层的普遍喜爱，并在商周时期大放异彩。

冶铁技术也起源于西亚，传入中国后，能工巧匠们不断攻坚克难，发明生铁冶炼技术，极大提升了铁的韧性和加工效率，为铁器时代的到来奠定了基础。中华先民守正不守旧、尊古不复古，不惧新挑战、勇于接受新事物，"自主发明"与"次生发明"相结合，不断吸收、提升世界文明的优秀成果。

4. 中华文明的创新性得益于成熟的国家体系

中华文明伟大创新成果得益于成熟国家体系的保障。中华文明探源工程的研究成果表明，距今5800年前后，中华大地进入古国时代的初级阶段。这一时期，西辽河流域的红山文化率先开启了巫教礼制，在数学、天文等方面取得了不朽成就。距今5100年前后，各区域的古国形态逐渐成熟，出现的若干古国是一种以中心都邑为核心的区域性原生国家。在此过程中，良渚古国建立了以玉琮、玉璧为核心的神教体系，良渚王集神权和世俗王权于一体。同时，从手工业生产来看，良渚社会出现了精密的分工，贵族墓地独立于平民墓地之外，并有大量精美随葬品，表明社会已经分层且有明显的等级差别。考古研究进一步揭示，良渚是个超大型社会，其核心区域是面积相当于4座故宫大小的良渚古城和外围设计巧妙且工程浩大的水利系统。据推算，良渚古城直接管控的范围可达约2000平方千米。显然，良渚先民要修建规模庞大的水利系统，具有严密组织的国家体系是必不可少的支撑力量。

同时期，位于长江中游地区的屈家岭古国则以"众城之邦"为政权形态，遵循共同的信仰相互联合，但彼此之间又存在竞争①；中原大地则保持着与屈家岭古国类似的图景，但它们之间的联合性又不及屈家岭古国强烈。无论如何，各地彼此不同的政治实践，反映了中华先民在政治制度方面的不懈探索。这些探索正是先民们因地制宜、不断创新的体现。

距今4000年前后，古国时代走向末期，中原的政治实践在各区域的竞争中胜出，进入文献记载的夏代。这一时期，古国被整合进九州，初现以中原为核心的"天下王权"，形成五服制或圈层结构政治空间②。距今3000年左右，西周王朝的建立使王国时代进入极盛期，其施行的封建制度、宗法制度和礼乐制度，被考古发现不断证实。

秦王朝建立之后，全面推行郡县制，制定严格的律令法条。云梦睡虎地秦简记载了秦国的各类法律条文，涉及徭役、税收、军爵、物资查验、案件审理、军事、标准化生产等各项内容，关系国家运行和百姓生活的方方面面。汉魏以来的考古工作则进一步证明传承有序的宫室制度、礼制建设等重要内容。

除此之外，都城遗址是统一的多民族国家象征或标识的物化载体，是国家政治的集中体现。这也是古代城市对比研究中，中华文明与西方文明的主要不同点。中国古代城市布局形制的变化是中华文明不断创新发展的表现，而中国古代城市的建设离不开国家行为的规划设计、管理修筑。换言之，中国古代城市布局形制的演变，是国家创新行为的集中表现。二里头都城的网格化布

① 彭小军：《屈家岭——五千年前的众城之邦》，上海古籍出版社，2023年。
② 韩建业：《先秦考古实证中华文明突出特性》，《历史研究》2023年第5期。

局、隋唐长安城里坊制的确立，每一次都城制度的革新，有历史的沉淀，也有国家意志的创新。

国家管控下的技术创新也是中华文明创新性的重要特点。绿松石龙、绿松石牌饰是二里头文化的重要代表文物。上千片毫米级别的绿松石片从数百公里外的秦岭山中开采出来，再通过专门的据点运送到伊洛之交的王都二里头，封闭在宫殿区南侧的高墙之内进行设计、制作。如果没有严格的工匠筛选和远距离的资源调动，仅凭工匠个人，相信在当时的物质条件下很难生产出珍贵的绿松石龙。

因此，国家是创新行为的直接参与者，是重大创新行为的保障者。在任何的条件下，强有力的国家都能够调集优秀的能工巧匠，调度稀缺的资源物品，为技术革新提供支撑。

三、创新性的形成原因

中华民族为什么能够形成突出的创新性特征，对于这一问题的分析，能够帮助我们更好地理解中华民族勇于创新、与时俱进的不懈追求，理解中华民族的精神禀赋、文化传统，理解中华文明不同于其他文明的原因。

1. 地理环境是中华文明创新性形成的必要条件

地理学界用胡焕庸线来表达中国人口与地形二元性特征。与之呼应，在考古学界，学者们曾在傅斯年"夷夏东西说"的影响下，使用西高地、东平原的二元格局来探讨中国文明形成和发展的互动格局。这些现象说明，地形地貌对于人口和文明的影响深远。

中国地貌西高东低，东、南都是大海，北部是寒冷的寒带，西部是连绵不断的沙漠戈壁滩，西南则是高大的青藏高原和喜马拉雅山及缅甸的原始森林。这些自然的地貌环境使中国成为相对独立的地理单元，并且有一种天然的向心结构。在交通不发达的古代，同外界发生经常性交流的难度较大。即便有外力的辅助，其困难也可想而知。因而，中国史前文化及早期文明基本上是在相对封闭的地理条件下起源和独自发展的。

然而，中华大地又并非完全与世隔绝。从新疆往西经过中亚、西亚可以直通欧洲，或通过帕米尔高原则可以进入巴基斯坦或印度，同时也可借助海路连通日本列岛和太平洋岛国。由此，在新石器时代，中国与西方的史前丝绸之路已经开通，铜器、羊、黄牛、小麦等可传入中国。

因此，在独立且开放的地理单元内，一方面中华先民必须依靠自身的聪明才智创新发明；另一方面能够吸收到世界文明的先进因素，为我所用，形成次生发明。

2. 交流互鉴是中华文明创新性形成的加速器

交流互鉴是文明发展的本质要求。在同其他文明的广泛交流中，最有可能创造出引领时代的文明成果。中华文明在自身发展中始终面向世界、博采众长，坚持自主创新与次生发明相结合，以我为主，辩证吸收有益文明成果，形成了创新开放的文化体系。

一方面，中华文明善于主动同世界其他文明开展交流。水稻发明之后，很快向东南亚地区传播。

另一方面，中华文明在接收外来文明成果时，有着融同化异的坚韧特性。青铜器、冶铁术、羊、小麦都是舶来品，但经过适应和次生发明，很快成为中华文明发展的重要因素。此外，佛教考古的研究也显示，佛造像传入中国后，经历过明显的本土化改造。正是有着世界胸怀的创新能力，使得中华文明始终秉持开放交流的理念，不惧外来文明的冲击与碰撞，主动吸收外来文明的优秀成果，为自身注入新的活力。

3. 多元一体是中华文明创新性形成的内在动力

文化是文明的基础，文化多样性是文明创新的动力。先民们在中华大地上共同创造了博大精深的中华文明。考古证明，大约在距今1万年，中华大地进入新石器时代。在新石器时代晚期，中华大地上存在一系列独立发展、风格各异、地域色彩浓厚的史前文化，苏秉琦称之为"满天星斗"。高度发达的史前文化既存在于中原大地，也分布于西辽河、长江中游、黄河下游、长江下游等地区。这些不同区域的考古学文化之间既有联系，又各有特征，也有学者将不同文化之间的交流现象，称作相互作用圈。近年来，随着中华文明探源工程的不断深入，越来越多的学者意识到，每一支考古学文化其实都相当于一个或多个古国。这些古国之间保持着联系，也存在着竞争。这些区域古国发展到后来，尽管接受了中原王朝的统一管理，但在文化上仍保持着自身的区域基因。这也是中原文化、荆楚文化、巴蜀文化、吴越文化、齐鲁文化等各具特色的区域文化形成的历史基础。

中华文化的多样性为中华文明创新发展提供丰厚的养料，不同的民族和地域文化为中华文明的孕育和发展贡献了独特的文化元素。在数千年的文明进程之中，各古国、各区域文化在统一的前提下，结合各自区域的资源环境、地貌气候，创造了适应本区域的新技术、新发明。同时，由于各区域之间又具有密切的联系和交流，相互影响，相互促进，相互交融，所以新技术、新发明能够很快传播到其他区域，并在相互整合的努力下呈现出更为突出的创新性。因此，多元一体是中华文明创新性形成的内在动力。

四、小结

革故鼎新、与时俱进是中华文明永恒的精神气质。自新石器时代以来，中华文明在继承创新中不断发展，积淀着中华民族最深沉的精神追求。正是因为有了这种创新精神，我们才能不断创造出自身的物质文明、精神文明和政治文明；也正是由于这种创新精神，才保证了中华文明能够一直从古延续至今。在新时代的今天，我们应秉承中华文明的创新性基因，敢于斗争，勇于创新，乘风破浪，为建设中华民族现代文明贡献力量。

党的十八大以来，习近平总书记十分重视"创新"，在公开讲话和相关报道中，"创新"出现的频率很高，并把"创新"摆在国家发展全局的核心位置。

总书记在文化传承发展座谈会上强调要"坚持守正创新"，指出"守正，守的是马克思主义在意识形态领域指导地位的根本制度，守的是'两个结合'的根本要求，守的是中国共产党的文化领导权和中华民族的文化主体性"，"创新，创的是新思路、新话语、新机制、新形式，要在马克思主义指导下真正做到古为今用、洋为中用、辩证取舍、推陈出新，实现传统与现代的有机衔接"。总书记指出"对历史最好的继承就是创造新的历史，对人类文明最大的礼敬就是创造人类文明新形态"，号召"新时代的文化工作者必须以守正创新的正气和锐气，赓续历史文脉、谱写当代华章"①。

　　总书记对于"创新"的号召，深植于中华文明的历史之中，涵养于包括考古发现在内的优秀传统文化之中。中华先民创造的优秀物质文明、制度文明和精神文明对世界其他文明产生了影响。应该加强对中华文明形成发展规律的研究，以历史文化传统为基础，借鉴历史上的成功经验，为建设新的"人类文明形态"做出贡献。同时，要在吸收历史遗赠的基础上，加强理论创新、制度创新、科技创新、文化创新，更好地建设中华民族现代文明。

　　总之，考古学已经证明，中华文明的发展史是一部不断创新和变革的历史，创新是中国历史的常态，是中华文明的突出特征。几千年来，中华民族秉持创新精神，守正不守旧，尊古不复古，战胜一次次危难，取得一项项突破，从弱小走向强大、从苦难走向辉煌、从胜利走向新的胜利，有力推动了中华民族发展进程。

---

① 习近平：《在文化传承发展座谈会上的讲话（2023年6月2日）》，《求是》2023年第17期。

九州共贯　多元一体
——中华文明的统一性

中华文明具有突出的统一性。中华文明长期的大一统传统，形成了多元一体、团结集中的统一性。"向内凝聚"的统一性追求，是文明连续的前提，也是文明连续的结果。团结统一是福，分裂动荡是祸，是中国人用血的代价换来的宝贵经验教训。中华文明的统一性，从根本上决定了中华民族各民族文化融为一体、即使遭遇重大挫折也牢固凝聚，决定了国土不可分、国家不可乱、民族不可散、文明不可断的共同信念，决定了国家统一永远是中国核心利益的核心，决定了一个坚强统一的国家是各族人民的命运所系。

（摘自习近平《在文化传承发展座谈会上的讲话（2023年6月2日）》,《求是》2023年第17期）

公元前221年，秦始皇完成统一六国的伟业，建立起我国历史上第一个统一的中央集权国家，从此，"统一是历史大势，是正道"①。在至今2245年的历史中，虽间有分裂，但每次分裂后必然出现更恢宏的统一，造就了"中华文明是世界上唯一绵延不断且以国家形态发展至今的伟大文明"②。

一、统一性的考古学实证

习近平总书记指出，"中华民族具有5000多年连绵不断的文明历史，创造了博大精深的中华文化，为人类文明进步做出了不可磨灭的贡献"③。中华文明具有突出的统一性，主要体现在以下几个方面。

1.天文与地理

人生于天地之间，在漫长的史前时代，我们的祖先脚踏大地、仰望星空，逐渐形成了对山川奔流、天象运行的记忆与理解。

《周髀算经》讲"知地者智，知天者圣"④，对处于早期农业阶段的古人来说，通过长期观察掌握天象后的颁授农时，逐渐形成最原始的权力来源⑤，并不断发展了对天文地理的长期观测。《史记·太

---

① 习近平：《为实现伟大民族复兴、推动祖国和平统一而共同奋斗（2019年1月2日）》，《习近平谈治国理政》第三卷，外文出版社，2020年，第407页。
② 习近平：《在文化传承发展座谈会上的讲话（2023年6月2日）》，《求是》2023年第17期。
③ 习近平：《在第十二届全国人民代表大会第一次会议上的讲话（2013年3月17日）》，《习近平谈治国理政》，外文出版社，2014年，第39页。
④ 钱宝琮点校：《算经十书》，中华书局，2021年，第23页。
⑤ 冯时：《中国天文考古学》，中国社会科学出版社，2010年，第17页。

史公自序》载"昔在颛顼，命南正重以司天，北正黎以司地。……至于夏商，故重黎氏世序天地"①。

通过世官世职"序天地"积累起的中国古代天文学的巨大成就，不仅可与世界上任何古老文明相媲美，也不断深刻影响着古人取得一个又一个重大成就，推动着中华文明一路向前。

河南濮阳西水坡遗址清理的原始宗教遗存，揭示出当时"已懂得观象授时，并且根据对北斗与二十八宿的观测决定时间。……进而建立了原始历法"②，与《尚书·尧典》"乃命羲和，钦若昊天，历象日月星辰，敬授人时"③的记载正相印证。商代甲骨文中不断出现的干支表和日、月刻辞，是商人天文历法成就的重要体现。西周铜器铭文中屡屡出现的哉生霸、既生霸、既望、哉死霸、既死霸、旁生霸、旁死霸等月相名称的记录（图78），代表了周代在春秋以前的天文学水平④。

春秋战国时人对太阳、月亮及金、木、水、火、土等大星的研究已相当深入，二十八宿和十二次等体系日趋成熟完善⑤。湖北随州曾侯乙墓出土漆箱上所绘的天文图中，不仅中央有篆书"斗"字表示北斗，还周围环书二十八宿名称，并从北斗延伸出四条线指向心、危、觜、张四宿，是我国天官体系的重要发现。利用拱极星拴系黄道和赤道星座，以北斗为中宫，沿赤道形成东、西、南、北四宫的五宫代表的中国传统的天文学体系，最终完善于

---

① （汉）司马迁：《史记·太史公自序》，中华书局，2013年，第3961页。

② 冯时：《文明以止：上古的天文、思想与制度》，中国社会科学出版社，2018年，第44页。

③ 屈万里著，李伟泰、周凤五校：《尚书集释》，中西书局，2014年，第6页。

④ 陈遵妫：《中国天文学史》，上海人民出版社，2016年，第141页。

⑤ 陈遵妫：《中国天文学史》，上海人民出版社，2016年，第142页。

图78 陕西宝鸡出土西周青铜"此簋"

《史记·天官书》[1]。

随着天文观测资料的积累，人们意识到天体运行有规律可循，逐渐产生如宇宙起源、结构和演化的理论概括，产生如《史记·天官书》"日变修德，月变省刑，星变结和"[2]的"天人感应"思想，荀

---

[1] 冯时：《中国天文考古学》，中国社会科学出版社，2010年，第370—373页。
[2] （汉）司马迁：《史记·天官书》，中华书局，2013年，第1602页。

子《天论》"天行有常，不为尧存，不为桀亡"对客观世界的理性认识。《隋书·天文志》载汉代扬雄发展了《周髀算经》盖天说，称"以通浑天"；到东汉张衡《灵宪》则提出"宇之表无极，宙之端无穷"的宇宙时空均无限的重要认识。

在天文学成就不断提高的同时，天文知识和相关图像逐渐深入到古代社会的各个方面。不仅在汉代帝陵和礼制建筑中用代表天之四方的青龙、白虎、朱雀、玄武来装饰空心砖或瓦当，在沟通汉长安与渭北帝陵区的中渭桥石刻上凿刻四神图像（图79），而且在古人的日用铜镜、带钩上出现了星象图像，在较高等级墓葬的壁画中也用天象作为重要内容。

古人设官分职，天、地对应。"命南正重以司天，北正黎以司地"，赋地以"序"是古代传说人物的重要贡献。"禹乃遂与益、

图79　陕西西安中渭桥遗址出土朱雀纹石刻

图80　甘肃礼县出土秦公簋

后稷奉帝命，命诸侯百姓与人徒以傅土，行山表木，定高山大川"①，北京保利博物馆所藏的燹公盨，开篇即言"天命禹敷土，堕山濬川"，秦公簋亦铭"鼏宅禹迹"（图80）。相地传统一直延续，后稷"好耕农，相地之宜，宜谷者稼穑焉，民皆法则之"②，公刘"复修后稷之业，务耕种，行地宜，自漆、沮度渭，取材用，行者

---

① （汉）司马迁：《史记·夏本纪》，中华书局，2013年，第65页。
② （汉）司马迁：《史记·周本纪》，中华书局，2013年，第146页。

有资，居者有畜积，民赖其庆"①，有力推动了农业文明和社会文化的不断发展。湖南宁乡出土的商代大禾方鼎内壁铭"大禾"二字，表示出的正是希望丰收之意。

《周礼·地官·大司徒》："大司徒之职，掌建邦之土地之图与其人民之数，以佐王安抚邦国。以天下土地之图，周知九州之地域广轮之数，辨其山林、川泽、丘陵、坟衍、原隰之名物，而辨其邦国都鄙之数，制其畿疆而沟封之。"②地图成为国家治理的重要物资。

《史记·萧相国世家》载，刘邦入咸阳后，萧何"独先入收秦丞相、御史律令图书藏之"，故刘邦能"具知天下阨塞，户口多少，强弱之处，民所疾苦者，以何具得秦图书也"③，为与项羽战争的胜利和建立汉王朝做出巨大贡献。

1986年在甘肃天水放马滩出土7幅不晚于公元前299年的战国晚期木质地图，包括地形图、政区图、物产图、森林图等4种内容。从其中的秦邦县图看，其以水系为框架，将各种地理要素分别绘于水系网络的相应位置，具有较强的实用性和科学性，是秦统一前地图绘制水平的重要体现。同一墓地出土的西汉初期纸本地图，虽残存甚少，但其绘制方式与木地图高度一致，显示出制图技术的一脉相承。当然，承载地图的纸张更是我国目前发现的最早纸张实物，是我国悠久造纸术的重要见证④。

1972年在湖南长沙马王堆汉墓中出土的西汉早期帛书地图（图81），大致按十五万分之一至二十万分之一比例尺绘制，"拿这幅图

---

① （汉）司马迁：《史记·周本纪》，中华书局，2013年，第147页。
② （汉）郑玄注，（唐）贾公彦疏，黄侃经文句读：《周礼注疏》，上海古籍出版社，1990年，第148页。
③ （汉）司马迁：《史记·萧相国世家》，中华书局，2013年，第2432页。
④ 甘肃省文物考古研究所：《天水放马滩秦简》，中华书局，2009年，第131页。

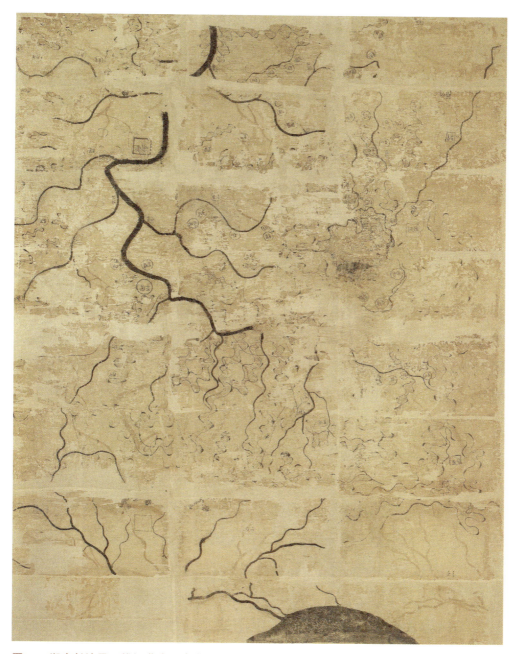

图81　湖南长沙马王堆汉墓出土帛书地图

来和采用现代测绘技术以前的旧图相比"，它主区部分"绝不比任何图差"，精确性相当惊人①。帛书地图显示出当时已采用基本成熟统一的图例，如居民点用两种符号，县治用方框，乡里用圆框；细而均匀的线表示道路，粗细不等且弯曲的线表示水道等均甚为科学。如"居民点符号用方圆区别政区的等级"的方式甚至"一直沿用到近几十年前"②，表明中国古代制图学历史悠久，已形成制图传统并得以长期发展，也表明我国古代测绘技术高度发达。

"上古天文学与天文观不仅是中国文化的渊薮，而且也是中国传统知识体系与思想体系的渊薮。"③古人认为，人生于天地间，与天、地合为"三才"。苍穹之下开展的长期天文地理观测，推动成长出宏阔深远的地域观念。古人对天文的长期关心，源于对人类自身命运的倾心关怀，并寄望能取法于天地自然。故《周易·贲卦·彖》曰"观乎天文，以察时变"④，《史记》讲"维昔黄帝，法天则地，四圣遵序，各成法度"⑤。

在广泛而长久的天、地观测和地图绘制推动下，在"分中国为十有二州，仰则观象于天，俯则法类于地"⑥的取法天地过程中，古人产生出天、天文不独立于人文，观测和研究天是为了人，从天文推及人文的天地一体、天人感应的思想认识，形成了"天人相

① 谭其骧：《二千一百多年前的一幅地图》，《谭其骧全集（第一卷）》，人民出版社，2015年，第570页。

② 谭其骧：《二千一百多年前的一幅地图》，《谭其骧全集（第一卷）》，人民出版社，2015年，第564页。

③ 冯时：《文明以止：上古的天文、思想与制度》，中国社会科学出版社，2018年，序2页。

④ （魏）王弼撰，楼宇烈校释：《周易校释》，中华书局，2023年，第84页。

⑤ （汉）司马迁：《史记·太史公自序》，中华书局，2013年，第3979页。

⑥ （汉）司马迁：《史记·天官书》，中华书局，2013年，第1593页。

关"、"天人合一"、"占星"、"分野"等思想。

将天上星宿对应地上州国，或将地上区域对应天上星宿的互为"分野"的天地关系，大体形成于"大一统"观念提出并不断强调的春秋战国时期。到秦统一后的两汉时期，分野与五行灾异学说结合，强调天象变化与地域灾异间的关联。唐代李淳风将星次与州郡山川相合，僧一行提出山河两戒，不断丰富着分野理论。宋元以来的地理论著尤其方志中，分野更是不可或缺的重要内容①。

"终始古今，深观时变"下的"天人感动"，将人文寓于天文、地理之中的长期探索，孕育出不断追求人与自然和谐相处的"天人合一"的中华民族早期的整体宇宙观、天下观，造就了人类文明史中绝无仅有的且未曾中断的中华文明②，和由之而来不断积累的大一统思想一直发展，后来的如《大明混一图》等为代表的一系列"天下图"即是其明证。

2. 农业与水利

古代中国以农立国，农为国本。传说中黄帝之前有"教民耕农"的神农氏，周人之祖弃"好耕农"，"帝尧闻之，举弃为农师，天下得其利，有功"，封其于邰，号后稷③。

通过考古学追溯出的中国农业起源的时间远早于此，如在距今1.2万—1万年的北京出现粟和黍，浙江出现水稻，在距今6000

---

① 席会东：《中国古代地图文化史》，中国地图出版社，2013年，第29页。

② 冯时：《文明以止：上古的天文、思想与制度》，中国社会科学出版社，2018年，序1页。

③ （汉）司马迁：《史记·周本纪》，中华书局，2013年，第146页。

年左右的河南南部出现可能被种植的野大豆，在距今5000年新疆通天洞遗址出土小麦。动物考古表明，距今1万年左右河北南部出现狗，距今9000年左右河南南部出现猪，距今5600—5000年在甘肃、青海及东北地区出现绵羊和黄牛，距今4000—3600年在甘肃东部出现马，距今3300年左右在河南北部出现鸡[①]。随着农作物和家畜的陆续驯化和引进，传统的中国农业不断发展。

春秋战国时期，各诸侯国在兼并争斗过程中对粮食生产在国防中重要性的认识不断提高，农业技术得到相应重视，百家之一"农家"的相关著述迅速传播，铁农具快速推广，都为结束纷争形成一统起到了巨大的促进作用。

《吕氏春秋·士容》六篇中的第三篇《上农》总结提出了农业生产的重要性，其后的《任地》《辨土》《审时》三篇则就人力改变土地和耕种适应农时等问题展开集中探讨[②]，"它的主导观念，是在注意天时和土地环境条件的原则中，以人力改进农业生产技术"，其体现的"基于物观的宇宙论认识"，被后来古代中国农学家所继承和不断发展[③]。

对完成统一的秦而言，其长期占据的周人发祥之地的周原，拥有发达而丰富农业生产经验，在"秦孝公用商君，急耕战之赏，倾夺邻国而雄诸侯"后[④]，秦地农耕事业得到巨大发展，为后来的秦统一提供了根本保障（图82）。

秦汉都城位于富饶的关中，无论是战国后期秦灭六国，还是秦

---

① 袁靖：《中国新石器时代至青铜时代生业研究》，复旦大学出版社，2020年，第258页。

② 许维遹：《吕氏春秋集释》，中华书局，2009年。

③ 石声汉：《氾胜之书今释（初稿）》，科学出版社，1956年，第55页。

④ （北魏）贾思勰著、石声汉校释：《齐民要术今释》，中华书局，2009年，第2页。

末汉初刘邦与项羽的争霸均是从关中出兵，故关中均未遭严重的战争破坏，完整保留了周以来优良的农业传统，并随秦汉统一的步伐将其向全国推广。

经过汉初数十年的休养生息，汉武帝即位后出现"非遇水旱之灾，民则人给家足，都鄙廪庾皆满，而府库余货财。京师之钱累巨万，贯朽而不可校。太仓之粟陈陈相因，充溢露积于外，至腐败不可食"的富庶局面①，有力保障了统一王朝首都的繁荣稳定和国家发展。

随着秦汉统一王朝的不断巩固，历史上形成的泾渭、汾涑、济泗、黄淮、江汉等农业生产区域，逐渐在大一统王朝的统治下连为一体，大大加快了各地区融合的历史进程。

土是农业的基础，水是农业的命脉。习近平总书记指出："在我们五千多年中华文明史中，一些地方几度繁华、几度衰落。历史上很多兴和衰都是连着发生的。要想国泰民安、岁稔年丰，必须善于治水。"②

图82 四川青川出土秦《更修为田律》木牍

---

① （汉）司马迁：《史记·平准书》，中华书局，2013年，第1706页。

② 《习近平总书记在推进南水北调后续工程高质量发展座谈会上的讲话（2021年5月14日）》，《深入学习贯彻习近平关于治水的重要论述》，人民出版社，2023年，第1页。

对地处北半球季风气候重要影响区的中国而言，"自古以来，我国基本水情一直是夏汛冬枯、北缺南丰，水资源时空分布极不均衡"①，因此兴水利、避水害就与农业和社会的发展息息相关。水利工程的好坏，不仅是各时期农业生产发展的标志，更是封建王朝统治盛衰的标志②。

传说中大禹治水"九川既疏，九泽既洒，诸夏艾安，功施于三代"③。秦统一四川盆地后，"蜀守冰凿离碓，辟沫水之害，穿二江成都之中，……百姓飨其利"④，都江堰成为四川盆地为"天府之国"的核心基础。秦人开凿的郑国渠"溉泽卤之地四万余顷，收皆亩一钟。于是关中为沃野，无凶年，秦以富强，卒并诸侯"⑤。都江堰、郑国渠，这些战国时著名的水利工程均位于秦地的情况表明，统一前的秦人已拥有了先进的农业和水利技术。这不仅是秦灭六国，也是刘邦取得与项羽战争胜利的重要基础，对秦汉统一王朝的建立和巩固都做出了突出贡献。

但对统一王朝而言，无论都城所在地的农业如何发达，当地生产的粮食都很难满足日益增多的人口和社会、经济、军事的发展需要。因此在努力提高当地粮食产量的同时，快速而稳定地从外地漕运粮食就成为每个强盛王朝的必然选择。

汉武帝元光六年（公元前129年），负责粮食生产与运输的大司

① 《习近平在推进南水北调后续工程高质量发展座谈会上强调 深入分析南水北调工程面临的新形势新任务 科学推进工程规划建设提高水资源集约节约利用水平》，《人民日报》2021年5月15日第1版。

② 杨宽：《战国时代水利工程的成就》，《中国科学技术发明和科学技术人物论集》，生活·读书·新知三联书店，1955年，第99页。

③ （汉）司马迁：《史记·河渠书》，中华书局，2013年，第1687页。

④ （汉）司马迁：《史记·河渠书》，中华书局，2013年，第1689页。

⑤ （汉）司马迁：《史记·河渠书》，中华书局，2013年，第1691页。

农郑当时在面临渭河漕运粮食"时有难处"的情况下，建议在渭河以南与秦岭间"穿渠"解决粮食运输，并指出"渠下民田万余顷，又可得以溉田。此损漕省卒，而益肥关中之地，得谷"。漕渠开通，果然得"大便利"①。

开皇四年（584年）隋文帝命宇文恺对汉漕渠进行修整，"自大兴城东至潼关三百余里，名曰广通渠"②，二十多年后隋炀帝在洛阳以东开凿了今称的"大运河"［大业元年（605年）开通济渠、大业四年（608年）开永济渠］。唐代天宝年间唐玄宗派韦坚依"汉、隋运渠"修整漕渠，"岁漕山东粟四百万石"③，成为唐王朝长期政治稳定、经济繁荣的重要基础。

历史上的漕运随首都转移而转移，以满足首都政治稳定、军事与经济发展需求为目标，以连接首都与漕粮产地水路为载体。自秦始皇建立空前庞大的统一的多民族国家起，历代王朝为保证中央机构运转、保障军队军需、控制社会不安定因素及赈济灾荒等目的，需稳定地从外地向首都运送大量粮食，由此产生的漕运成为我国历史上一项非常重要的政治、经济措施，不仅与汉唐长安盛世和元明清北京的强盛息息相关，更为我们留下了漕渠、运河等一系列重要的文化遗产。多年来在黄河北岸山西发现的漕运遗存（图83），在陕西西安发现的漕渠取水口和渠身等遗存（图84），就是这一水利工程的重要组成部分。

随着丝绸之路的开辟，关中的凿井和井渠技术传入西域，为当地农业和社会的发展提供了重要支持（图85）。

---

① （汉）司马迁：《史记·河渠书》，中华书局，2013年，第1692页。
② （唐）魏征：《隋书·食货志》，中华书局，2019年，第758页。
③ （宋）欧阳修：《新唐书·食货志》，中华书局，1975年，第1367页。

图83 山西平陆黄河漕运遗存

图84 陕西西安汉唐漕渠遗址发掘

 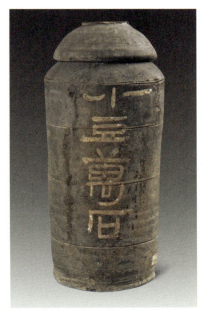

图85　新疆民丰出土"司禾府　　图86　河南洛阳出土"小豆万石"
印"煤精印　　　　　　　　　陶仓

　　从秦始皇统一六国开始，上承"《诗》述殷周之世，……先本
绌末，以礼义防于利"[1]，在琅琊刻石中提出"上农除末，黔首是
富"[2]，从此重农轻商成为我国统一王朝时代的一项非常重要的社会
基本法则（图86）。农业和水利事业的发展，造就出稳健的古代中
国，对形成"长期的大一统传统"和"多元一体、团结集中的统
一性"做出了巨大贡献。

　　在不断探索利用、改造自然，发展农业和水利过程中，古人
积累起如"知时""知土""知物性"的丰富知识，并由此发展出人
"力足以胜天"的与自然环境不懈抗争的朴素的斗争精神，成为中

---

① （汉）司马迁：《史记·平准书》，中华书局，2013年，第1730页。
② （汉）司马迁：《史记·秦始皇本纪》，中华书局，2013年，第310页。

图87　四川成都出土弋射收获画像砖

华民族伟大斗争精神的重要源泉（图87）。

3. 文字与人文

习近平总书记2022年10月28日在视察安阳时指出，"中国的汉文字非常了不起，中华民族的形成和发展离不开汉文字的维系。在这方面，考古事业居功至伟"①。

文字的发明与传播，是人类文明的重要成就。与其他古代文明国家如埃及、玛雅等的文字早已"死"去不同，以汉字为主体的中国文字经历数千年发展后，至今仍保持着旺盛的生命力，成为世界上唯一现存的自源古典文字系统①。《易传》曰"上古结绳而治，后世圣人易之以书契，百官以治，万民以察"②，黄帝史官仓颉造字的传说史不绝书。

自考古学传入中国以来，除大量出土的已是成熟文字的殷墟甲骨文外，各地陆续发现的史前符号清晰地显示出中国文字的发明有一个漫长的自然过程。山西陶寺陶器上的朱书"文邑"③，不仅表明商代甲骨文非最早文字④，更预示着在商代之前的夏时期考古中，将会有越来越多的古文字被陆续发现、识别出来⑤。

经过漫长的商周甲骨、金文的自然发展后，从秦统一六国开始，秦人使用的文字一跃而成为国家通用文字，并得到全面普及，"书同文字"⑥"同书文字"⑦成为此后古代中国文化和王朝治理的重要传统和保障。

无论是在各地屡屡发现的秦诏版（图88）、在渤海岸边辽宁绥中的秦碣石宫遗址、南方福建武夷山崇安汉城的出土陶文、南海之滨广东广州南越国宫署出土的简牍（图89）、封泥和陶文，或是湖南湘西里耶秦人小县出土的巨量秦人档案，还是在汉代西北边陲驿

---

① 黄德宽：《古文字学》，上海古籍出版社，2015年，前言第1页。
② （汉）班固：《汉书·艺文志》，中华书局，2006年，第1720页。
③ 冯时：《文明以止：上古的天文、思想与制度》，中国社会科学出版社，2018年，第210页。
④ 李学勤：《古文字学初阶》，中华书局，1985年，第17页。
⑤ 袁广阔：《二里头文化的文字符号与礼制文明》，《中国社会科学》2023年第6期。
⑥ （汉）司马迁：《史记·秦始皇本纪》，中华书局，2013年，第304页。
⑦ （汉）司马迁：《史记·秦始皇本纪》，中华书局，2013年，第310页。

塞出土的汉简零牍（图90）、汉长安未央宫出土骨签（图91），以及在湖南长沙、江苏连云港、北京、山西太原、浙江湖州等更庞大地域内出土的秦汉简牍、封泥、印章、石刻，无论其文字书写、载体，还是行文格式等等都高度一致。

东汉后期，针对"经籍去圣久远，文字多谬"的情况，

图88 辽宁省博物馆藏秦始皇铜诏版

009　068　105

图89 广东广州南越国宫署遗址出土木简

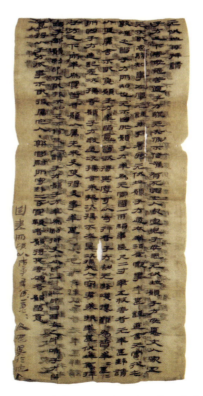

图90 甘肃敦煌悬泉置遗址出土帛书

熹平四年（175年）东汉王朝先是派蔡邕等
"正定六经文字"，后更将所确定的经书"正
本"镌刻于石碑，竖立在都城太学门外，"其
观视及摹写者，车乘日千余两，填塞街陌"①。
多年来在河南洛阳汉魏洛阳城太学遗址不断发
现的石经即是当时所遗（图92）。此后，镌刻
石经就成为大一统王朝的一项重要文化传统，
唐开成二年（837年）镌刻的九经刻石至今保

图91 陕西西安汉长安
城遗址出土骨签

图92 河南洛阳出土东汉熹平石经残石

① （南朝·宋）范晔：《后汉书·蔡邕列传》，中华书局，2006年，第1990页。

存在位于陕西西安的碑林博物馆中，而清乾隆时镌刻的十三经刻石则完整保存于北京孔庙。

《周易·贲卦·象》："文明以止，人文也。观乎天文，以察时变；观乎人文，以化成天下。"王弼认为，"观天之文，则时变可知也；观人之文，则化成可为也"[1]。秦统一后的"同文"之举，不仅真正实现了"古制，书必同文"[2]的宏远理想，更被历代王朝统治者所继承，直至清咸丰三年（1853年）还"赐琉球'同文式化'额"[3]。

汉字在成为传承悠久的国家通用文字的同时，强有力地保障和促进了古代中国的长久统一和各地区多元融合，成为"化成天下"治理中一个非常关键而重要的内容（图93）。

图93　新疆吐鲁番出土《礼记》写本残片

---

① （魏）王弼撰，楼宇烈校释：《周易校释》，中华书局，2023年，第84页。
② （汉）班固：《汉书·艺文志》，中华书局，2006年，第1721页。
③ 赵尔巽等撰：《清史稿·属国传》，中华书局，2022年，第14623页。

与中华民族统一性一样，汉字在经过2200多年的以统一为主轴的发展后，"书同文"早已深深融入中华民族的血脉之中成为信仰，为愈来愈发展壮大的"向内凝聚"的中华民族统一性做出突出贡献。

4. 建筑与都市

人类早期"无屋宅之居、无街巷之制"①，树木和山洞成为当时人的自然居所，并由此产生了"巢居""穴处"的当然记忆②。对此西汉人扬雄讲："开闭将作，经构宫室。墙以御风，宇以蔽日。寒暑攸除，鸟鼠攸去。主有宫殿，民有宅居。昔在帝王，茅茨土阶。夏卑宫室，在彼沟池。"③随着现代考古学的发展，不断为我们重构出先民们筚路蓝缕、创屋建城的历史画卷。

考古资料揭示，至少在全新世早期，在诸如浙江上山等地古人已开始定居④。随着狩猎采集、原始农业和畜牧业的发展，为适应各地自然环境所建造的不同形制的房屋、村落陆续出现并蓬勃发展。新石器时代中期，城墙聚落的出现表明当时的技术、社会组织已达到一定水平；到龙山文化晚期，各地的人们开始广泛地建造城墙⑤。

中华文明探源工程的最新考古研究表明，大约从距今5800年开

---

① （汉）王充：《论衡·诘术》，上海人民出版社，1974年，第381、382页。
② （汉）班固：《汉书·翼奉传》，中华书局，2006年，第3173页。
③ （宋）孙逢吉：《职官分纪》"将作监"引《将作大匠箴》，中华书局，1988年，第503页。
④ 刘莉、陈星灿：《中国考古学：旧石器时代晚期到早期青铜时代》，生活·读书·新知三联书店，2017年，第75页。
⑤ 刘莉、陈星灿：《中国考古学：旧石器时代晚期到早期青铜时代》，生活·读书·新知三联书店，2017年，第205页。

始，中华大地上相继出现较为明显的社会分化，在距今5800—3500年的时间段中可分为古国和王朝两个阶段。

其中距今5800—5200年为古国时代的第一阶段，这一时期西辽河流域的辽宁朝阳牛河梁遗址第一地点构建出以宏大的9座台基为主的大型建筑群，之前出土重要泥塑的"女神庙"就坐落在其中的一座台基之上。距今5200—4300年为古国时代的第二阶段，在今山东济南焦家遗址发现了这一时期目前黄河下游最早的史前城址，而在浙江杭州良渚遗址外围发现的该时期水利系统正不断延伸。古国时代的第三阶段为距今4300—3800年，在这一阶段中，我们已经在今山西襄汾的陶寺遗址确认出迄今最大的史前夯土建筑基址。

距今3800年以后，中国历史进入不断强盛的王朝时代。河南偃师二里头遗址发现的多条道路和道路两侧墙垣，显示出当时的都市规划布局方正、规整，表明当时的社会结构已有较明显的层次分别且等级有序，并已形成较为成熟的统治制度，这是二里头文化进入王朝国家的重要标志。

与文献中"鲧筑城以卫君，造郭以守民，此城郭之始也"[1]的夏时期城市出现的记述相比，现在我们对中国古代大型建筑和城市出现时间的认识已大大提前。《周礼·考工记》"夏后氏世室，堂修二七，广四修一"等对夏建筑的简要描述[2]，更早已被考古发现的越来越多的夏及夏以前建筑遗址所超越。

随着河南郑州商城、偃师商城、洹北商城，陕西丰镐遗址、周原遗址等都城考古的不断开展，以及湖北武汉盘龙城遗址、江西宜

---

① （唐）徐坚等：《初学记·城郭》，中华书局，2016年，第565页。
② （汉）郑玄注、（唐）贾公彦疏：《周礼注疏》，上海古籍出版社，1990年，第642页。

春吴城遗址、四川广汉三星堆遗址等一系列当时都城之外重要考古发现的不断揭示，我们获得了较"纣作倾宫"[①]、商人"四阿重屋"[②]的零星记忆要丰富百倍的早期建筑知识。

　　古人讲"筑城郭，立仓库，因地制宜"[③]。从各地考古发现看，北方或中原地区发展起来的以夯土为建筑台基的建筑形式和筑城技术，随着中原文明的辐射和传播，随着各地文明间交融发展，其影响的范围和深度不断扩大（图94）。从浙江良渚、湖北屈家岭、石家河等遗址巨大夯土台基和周围庞大水利设施的考古发现，可以看出在中国广阔的南方地区很早就拥有了结合当地自然条件、与文明发展相配套的高度发达的土工建筑技术。

图94　陕西西安汉长安城未央宫前殿遗址

①　（汉）班固：《汉书·扬雄传》，中华书局，1962年，第3529页服虔注。
②　（汉）郑玄注、（唐）贾公彦疏：《周礼注疏》，上海古籍出版社，1990年，第642页。
③　张觉：《吴越春秋校证注疏》，岳麓书社，2019年，第85页。

　　虽然北方、南方以土为主要建筑材料的技术来源可能在文明发展的早期有所差异，夯筑方式和建筑形式也有所不同，但在进入王朝时代特别是秦统一后，各地建筑的共性越来越大。以王朝京畿地区建筑技术和形式为"样本"的建筑模式，在统一王朝的不同地点，结合各地自然特点而有所调适后纷纷涌现。诸如建筑基址抄平定向、建筑地段平整和基础工程、墙体构造等建筑文明的统一性越来越强[①]（图95）。

　　春秋战国时期，特别是到战国晚期，伴随着各地区经济的快速

图95　河南焦作出土
五层彩绘陶楼

　　① 中国科学院自然科学史研究所：《中国古代建筑技术史》，科学出版社，2000年，第33页。

图 96 陕西西安栎阳城遗址三号古城建筑台基

发展和铁工具大量使用，秦统一前的各国几乎一致抛弃了长期采用的"三尺之阶"低台基建筑形式（图96），改以更高的台基进行核心宫殿建设。今天在河北邯郸赵王城、山东临淄齐故城、河北保定燕下都、湖北荆州楚纪南城、陕西咸阳秦咸阳城等战国城址中保存的一系列高大台基，都是这一建筑风尚的重要代表，并为后来统一王朝时代的核心建筑所遵循。

　　秦在公元前221年完成统一后，经九年时间的精心准备，于始皇三十五年（公元前212年）在渭河以南营建我国统一王朝时代的第一座朝宫——阿房宫。考古工作表明，阿房宫虽如司马迁所记未曾建成，但其台基东西长1270米，南北宽426米，现存最大高度12米，是迄今为止人类古代世界营建的最大规模的单体夯土建筑（图97）。

　　虽然因秦祚二世而亡，"阿房宫未成"，但从其开始的营建巨大

北
▲

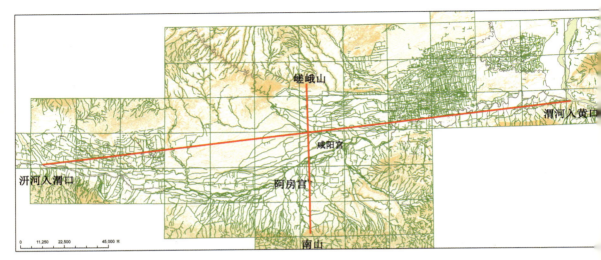

图97　秦阿房宫前殿"表南山之颠以为阙"所示都城轴线

体量核心宫殿的建筑模式,却成为我国历代王朝的共同选择。西汉初期营建未央宫前殿时,主持其事的丞相萧何就曾明确地向皇帝刘邦解释,之所以将前殿建设得规模异常宏大,是为了"非壮丽无以重威"。从此,国家核心宫殿要有巨大体量,就成为古代中国建筑的统一标准,直至明清故宫的太和殿依然不变。

　　古代世界的很多民族建筑,虽然起初都经过木结构的阶段,但之后逐渐转向砖木混合,只有中国古建筑一直沿木结构为主发展,成为世界建筑中独树一帜的体系[①]。在夯土台基上建设木结构建筑,以瓦为屋面,是中国古代建筑重要而突出的外在形式。

　　从考古发现看,榫卯结构早在浙江余姚河姆渡遗址就已经出现,西周作册矢令簋的四足形制表明作为中国古代建筑独创构建的斗

---

①　中国科学院自然科学史研究所:《中国古代建筑技术史》,科学出版社,2000年,第57页。

拱至迟至此时已有较大发展。陕西延安芦山峁遗址、神木石峁等遗址的考古工作，将作为我国建筑突出特征的瓦作起源大大提前，陕西宝鸡周原遗址、西安丰镐遗址的发现，表明西周时一些重要建筑已较普遍地使用板瓦、筒瓦和瓦当，到战国时期它们便在建筑上得到更大的普及。

秦统一后，关中秦制的瓦作迅速推向全国。在各地涌现的郡县城和衙署为主体的官式建筑中，无论是辽宁绥中姜女石遗址、山东青岛琅琊台遗址、福建武夷山崇安汉城遗址、广东广州南越国宫署遗址，还是广西合浦草鞋山遗址、湖南张家界里耶遗址，都使用了高度一致的板瓦、筒瓦和瓦当。从陕西西安栎阳城遗址开始出现的大半圆瓦当（图98），伴随着始皇帝的巡行走向了各地。秦人创造的建筑文明，在完成统一后迅速为全国遵从（图99）。

在南方地区，官式建筑虽普遍采用瓦作，但民居却多以竹茅为盖而易生火灾。因此统一王朝派遣来的地方官，如宋璟等就积极地"教民烧瓦"[①]。不仅他们被作为"循吏"见于正史、方志，其行为也屡屡被作为德政不断传颂。这样，以都城京畿所在地为来源的统一王朝的

图98　陕西西安栎阳城遗址出土大半圆瓦当

---

① （五代）刘昫《旧唐书·宋璟传》载"广州旧俗，皆以竹茅为屋、屡有火灾。璟教人烧瓦、改造店肆，自是无复延烧之患。人皆怀惠，立颂以纪其政"（中华书局，1995年，第3032页）。

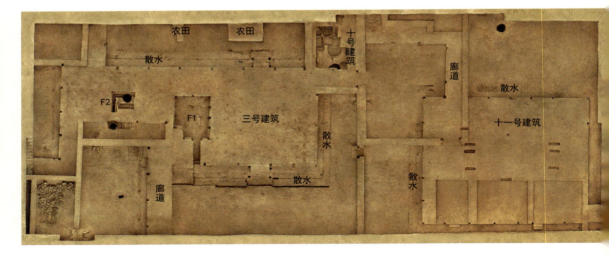

图99 陕西西安栎阳城遗址2021—2022年发掘区正射影像

建筑文明不断发展。

据文献记载，秦始皇在营建阿房宫时，"表南山之颠以为阙。为复道，自阿房渡渭，属之咸阳，以象天极阁道绝汉抵营室"[①]，将国家都城、宫城等等与自然天象进行"精确"对应，从此象天法地和由此反映的天人合一思想，逐渐成为中国都城选址、营建的核心基础。直至清朝依然认为其首都北京是"京师宅万国之中。重译同文，八维奉明，自虞夏以来未有若斯之盛"[②]。

"九州一气归元化，四海同风庆治平"[③]，建筑文明作为"中华文明长期的大一统传统"的重要内容，在同我国各地地理环境、文化传统相适应的实践和不断发展中，形成了特色非常鲜明的民族色彩[④]。

---

① （汉）司马迁：《史记·秦始皇本纪》，中华书局，2013年，第323页。

② （清）穆彰阿、潘锡恩等纂修：《大清一统志》第1册，上海古籍出版社，2018年，第46页。

③ （清）胡季堂：《培荫轩诗文集》卷2"元日试笔"，清道光二年（1822年）胡鑅刻本。

④ 黄建军：《中国古都选址与规划布局的本土思想研究》，厦门大学出版社，2005年，第239页。

5. 建构和治理国家

经过漫长的史前期后，国家开始出现。传世文献保留了不少国家出现前的零星记忆，如帝舜"一年而所居成聚，二年成邑，三年成都"①。在基本完成于战国时的《周礼》中，记载了高度规范化的理想，"九夫为井，四井为邑，四邑为丘，四丘为甸，四甸为县，四县为都"②。当然，战国时期的《尚书·禹贡》《周礼·职方氏》《尔雅·释地》《吕氏春秋·有始览》等文献，还进一步提出多种形式的"九州"规划。

无论从文献记载还是从最新考古发现看，夏是目前可以确定的我国历史上最早的王朝国家。据文献载，夏及之后的商和西周时的国家政体，是天子居中而治，分封诸侯以藩屏王室。王朝由王廷所在的内服和诸侯国形成的外服共同组成③（图100）。"选建明德"封为诸侯④，子孙世守，"赋予了分封于王邑周围外服诸侯具有拱卫王庭的首要义务和责任"⑤。

西周晚期，特别是到周平王时，"周室衰微，诸侯强并弱，齐、楚、秦、晋始大，政由方伯"⑥，历史进入到纷争不断的春秋战国时期。"商、周二代的政治制度是由昭穆制、宗法制与封建制组成。封建制的基本特征是分土而治，……无所谓中央与地方的行政关系。

---

① （汉）司马迁：《史记·五帝本纪》，中华书局，2013年，第40页。
② （汉）郑玄注，（唐）贾公彦疏：《周礼注疏》，上海古籍出版社，1990年，第169页。
③ 顾颉刚：《畿服》，《史林杂识初编》，中华书局，1977年，第1—19页。
④ 杨伯峻：《春秋左传注》，中华书局，2009年，第1536页。
⑤ 冯时：《文明以止：上古的天文、思想与制度》，中国社会科学出版社，2018年，第260页。
⑥ （汉）司马迁：《史记·周本纪》，中华书局，2013年，第189页。

图100　陕西扶风出土西周"㝬簋"

春秋战国时期，社会经过巨大的变动，诸侯国君逐渐掌握专制权力（图101），先是县制出现，随后郡县制形成，中央集权制国家开始登上历史舞台"[①]。战国晚期，在"秦庄襄王灭东周，东西周皆入于秦"后不久，秦始皇灭六国而成一统。

---

① 周振鹤：《中国地方行政制度史》，上海人民出版社，2014年，第8页。

图101　山西侯马盟誓遗址出土东周盟书

　　采用何种制度治理新生帝国，"初并天下"的秦王朝君臣曾进行过一场影响非常深远的廷议。丞相王绾提出应立秦诸子为燕、齐、楚等地王的意见得到多数大臣赞许，但廷尉李斯从周"后属疏远，相攻击如仇雠，诸侯更相诛伐，周天子弗能禁止"出发，提出"置诸侯不便"的意见，得到秦始皇认同。始皇认为"天下共苦战斗不休，以有侯王"，于是罢封建而行郡县，"分天下为三十六郡，郡置守、尉、监"①，将秦以栎阳为都时在首都置县，后为商鞅变法遵循发展的郡县制推向全国。

　　从此之后，虽西汉、明代等王朝曾出现郡县与诸侯并立，但在经历汉初异姓诸侯王、文景时同姓诸侯王的叛乱后，经汉文帝、景帝

---

① （汉）司马迁：《史记·秦始皇本纪》，中华书局，2013年，第303页。

特别是汉武帝推出的，包括"推恩令""附益法""左官律"等对诸侯王愈来愈强的主动限制，诸侯王多不再治民。因此即使诸侯王偶有叛乱，但在"有叛国而无叛郡"①情况下，郡县制一直是我国地方行政治理的核心。

唐代著名文学家、思想家柳宗元曾在《封建论》中深刻分析了设郡县、废分封、加强中央集权、反对藩镇割据的优劣之处②。毛泽东同志深刻指出，"百代都行秦政法，十批不是好文章。熟读唐人封建论，莫从子厚返文王"③。

"六王毕，四海一"，周代实行的"世卿世禄"贵族政治，在统一后被始皇推行的皇帝为中心的百官制所取代（图102）。陕西西安相家巷陆续出土的总数高达2万余枚的秦封泥，为我们清晰揭示出大量为司马迁《史记》不载的统一秦王朝的职官、郡县名称，让我们可以重构出一套日趋完整的秦开展国家治理的官僚和郡县体系。

多年来，在江苏徐州土山汉墓、山东临淄齐故城遗址、广东广州南越王墓、云南昆明河泊所遗址、甘肃敦煌悬泉置遗址、湖北云梦睡虎地遗址、湖南长沙马王堆汉墓等全国各地纷纷出土的秦汉封泥、印章、简牍、帛书等考古资料（图103），不断补充或印证着传世文献中语焉不详的国家治理细节。秦统一后推行的度量衡统一，与其他措施一起有力地保证了秦汉时期国家社会经济的健康发展（图104）。

图102　河南洛阳出土秦"皇帝信玺"封泥拓片

①　（唐）柳宗元：《封建论》，《柳宗元集校注》，中华书局，2022年，第187页。

②　（唐）柳宗元：《封建论》，《柳宗元集校注》，中华书局，2022年，第185—189页。

③　毛泽东：《七律·读〈封建论〉呈郭老》，《建国以来毛泽东文稿》，中央文献出版社，2023年，第20册第320页。

图103　湖南里耶出土秦更名木方

图104　山西太谷出土汉"漯仓平斛"铜量

从秦汉开始的古代中国的多数王朝，充分利用文书档案，严格遵循法规故事，由训练有素的"文法吏"承担帝国政务，君主通过郡、县、乡、里，有效统治广袤国土和千万民众的方式一直延续。汉武帝独尊儒术后，儒家学说渐渐成为王朝的正统意识形态。在儒家"礼治"与帝国"法治"结合后，士人和文法吏逐渐融合参与国家治理①。

不断发展、调适、巩固的中央集权、公卿百官、郡县乡里、儒表法里的制度优势，有效地保证了秦汉之后，古代中国虽时有王朝更迭，但依然能稳健前行；即使偶有分裂，但最终都会出现一个更强大的一统王朝。

古代中国治国理政的一系列制度文明创造，在相当长时间里领先于世界各国，不仅是古代中国能长期统一发展、中华文明连绵不断的制度保障，更对东亚各国的发展产生了直接影响，成为东亚世界共同的精神财富。

二、统一性的内在特质

习近平总书记指出，"民族文化是一个民族区别于其他民族的独特标识"②，"中华文明经历了5000多年的历史变迁，但始终一脉相承，积淀着中华民族最深层的精神追求，代表着中华民族独特的精神标识，为中华民族生生不息、发展壮大提供了丰厚滋养"③。"只有

---

① 阎步克：《波峰与波谷——秦汉魏晋南北朝的政治文明》，北京大学出版社，2009年，序6、7页。

② 习近平：《在省部级主要领导干部学习贯彻十八届三中全会精神全面深化改革专题研讨班开班式上的讲话（2014年2月17日）》，新华社2014年2月17日。

③ 习近平：《在巴黎联合国教科文组织总部的演讲（2014年3月27日）》，新华社2014年3月27日。

立足波澜壮阔的中华五千多年文明史，才能真正理解中国道路的历史必然、文化内涵与独特优势。"①

1. "中华文明具有突出的统一性"的本质

西周晚期，特别是进入春秋后，"幽厉微而礼乐坏，诸侯恣行，政由强国"②，社会分裂的局面日趋严重。在礼崩乐坏、官学下移、诸子百家兴起的情况下，"大一统"最早出现在成书于战国的《春秋公羊传》。西汉董仲舒说，"《春秋》大一统者，天地之常经，古今之通谊也"③。《春秋》是孔子有感于"吾道不行"的作品，"约其文辞而指博。……《春秋》之义行，则天下乱臣贼子惧焉"④，具有浓厚的"大一统"色彩。

孔子之外，孟子、荀子等都表达过类似的大一统思想。如梁惠王见孟子时"卒然问曰：天下恶乎定？"孟子对曰"定于一"⑤。《荀子·仲尼》也说"文王载百里地而天下一"⑥。这就表明，在当时社会日趋分裂的现状下，"重构"大一统秩序就成为孔子在内诸子的重要思考。

秦亡不久，西汉早期的贾谊很早就展开对秦统一原因的分析。他认为，"秦并海内，兼诸侯，南面称帝，以养四海，天下之士斐然乡风，若是者何也？曰：近古之无王者久矣，周室卑微，五霸既

① 习近平：《在文化传承发展座谈会上的讲话（2023年6月2日）》，《求是》2023年第17期。

② （汉）司马迁：《史记·儒林列传》，中华书局，2013年，第3759页。

③ （汉）班固：《汉书·董仲舒传》，中华书局，2006年，第2523页。

④ （汉）司马迁：《史记·孔子世家》，中华书局，2013年，第2340页。

⑤ （清）焦循撰，沈文倬点校：《孟子正义》，中华书局，2015年，第77页。

⑥ （清）王先谦：《荀子集解》，中华书局，2022年，第128页。

殁，令不行于天下。是以诸侯力政，强侵弱，众暴寡，兵革不休，士民罢敝。今秦南面而王天下，是上有天子也。既元元之民冀得安其性命，莫不虚心而仰上"①。在他看来，秦的统一适应了战国时社会的普遍呼声，故才能"天下之士斐然乡风""莫不虚心而仰上"。

秦的统一过程开始很早，秦始皇即位时"秦地已并巴、蜀。汉中，越宛有郢，置南郡矣。北收上郡以东，有河东、太原、上党郡；东至荥阳，灭二周，置三川郡"②，此时的秦早已不再僻居西隅。由始皇完成的统一可直接上溯到锐意改革的秦献公、孝公以栎阳为都的时代，故贾谊说始皇"续六世之余烈，振长策而御宇内，吞二周而亡诸侯，履至尊而制六合"③。由嬴政完成的秦统一，一方面顺应了当时社会普遍要求的大一统思想，另一方面则是秦人一百多年长期推进统一的终结。

从孔子《春秋》"微言大义"，到战国时"大一统"思想的不断发展，直到秦灭六国，诸子希冀"定于一"的理想才得以实现。因此李斯赞始皇"灭诸侯、成帝业，为天下一统，此万世之一时也"④。秦灭六国是数百年"大一统"思想发展的必然结果。从此，如法国历史学家费尔南·布罗代尔指出的，"统一是帝国君主制存在的理由"⑤。"大一统"成为之后中国历代王朝多数帝王的核心理想。

在大一统思想中，只有天下而无诸夏、夷狄。东汉何休指出：

① （汉）司马迁：《史记·秦始皇本纪》，中华书局，2013年，第352页。
② （汉）司马迁：《史记·秦始皇本纪》，中华书局，2013年，第285页。
③ （汉）司马迁：《史记·秦始皇本纪》，中华书局，2013年，第349页。
④ （汉）司马迁：《史记·李斯列传》，中华书局，2013年，第3069页。
⑤ 〔法〕费尔南·布罗代尔著，常绍民、冯棠、张文英等译：《文明史：人类五千年文明的传承与交流》，中信出版社，2023年，第203页。

"统者，始也，总系之辞。夫王者始受命改制，布政施教于天下，自公侯至于庶人，自山川至于草木昆虫，莫不一一系于正月，故云政教之始。"唐徐彦认为，"王者受命制正月，以统天下，令万物无不一一皆奉之以为始，故言'大一统也'"①。在他们看来，帝王不但统辖天下，更需"布政施教"治理万物。"王者无外"的认识突破了之前的"华夷之辨"，希冀建构的是一统天下及于"山川草木昆虫"的太平世界，"六合同风，九州共贯"②。"大一统"思想下继秦而来的历代王朝，在对统一性的执着追求中不断发展。

从董仲舒的叙述看，大一统包括了空间（天地）和时间（古今）两个维度。空间强调的是疆域的大一统，时间则强调大一统当延绵古今。从历史发展看，"大一统"在春秋战国分裂状态下提出，结束分裂成一统是历史大势。从春秋百有余国到战国"合为七国"③，再至始皇最终完成了从分裂到统一的历史使命。中华文明突出统一性的本质，是"国家统一永远是中国核心利益的核心""团结统一是福，分裂动荡是祸"，只有坚持统一、反对分裂，才能获得和平与发展。

2. "中华文明具有突出的统一性"的内涵

首先，统一性是基于空间的疆域完整统一。

早期文献中"天下"包括居中的"中国"和四方。《诗经》"惠此中国，以绥四方"的"中国"，指的是王都及周围诸夏，"四方"

---

① （汉）何休解诂，（唐）徐彦疏：《春秋公羊传注疏》，上海古籍出版社，2014年，第12页。

② （汉）班固：《汉书·王吉传》，中华书局，2006年，第3063页。

③ （唐）柳宗元：《封建论》，《柳宗元集校注》，中华书局，2022年，第186页。

图105 新疆尼雅出土"五星出东方利中国"锦护臂

指殷商及东夷和原来宗周的盟国①。"中国"通过一定方式与"四方"发生越来越多的联系，"天下"的范围不断扩展（图105）。

秦统一后始皇的天下，"地东至海暨朝鲜，西至临洮、羌中，南至北向户，北据河为塞，并阴山至辽东"②，因此在琅琊刻石中讲"六合之内，皇帝之土。西涉流沙，南尽北户。东有东海，北过大夏。人迹所至，无不臣者。功盖五帝，泽及牛马"③。在这样庞大的疆域内，始皇帝"端平法度""器械一量，同书文字""临察四方"④（图106）。琅琊刻石所讲秦的统一之功"泽及牛马"，正是东汉何休说天子的政教"自山川至于草木昆虫"。在统一疆域内，"贵贱分明，男女礼顺，慎遵职事"，只有贵贱男女之别，再无诸国与种族之分。直到明代，天子依然认为自己"受天明命，混一天下。薄海内外，悉入版图。盖自唐虞三代下及汉唐以来，一统之盛，蔑以加

① 杨向奎：《大一统与儒家思想》，北京出版社，2011年，第6、7页。
② （汉）司马迁：《史记·秦始皇本纪》，中华书局，2013年，第304页。
③ （汉）司马迁：《史记·秦始皇本纪》，中华书局，2013年，第311页。
④ （汉）司马迁：《史记·秦始皇本纪》，中华书局，2013年，第310页。

图 106 西安碑林博物馆藏秦《峄山刻石》拓片

矣"①。到清朝建立,"帝王与士人均特别强调混一天下为'正统'成立之第一要素"②,强调"疆域合一而无内外之别是'大一统'的核心要义"③,不仅称"我大清之受天命有天下,增式廓而大一统"④"统

———————————

①（明）李贤等撰:《大明一统志》,三秦出版社,2023年,第1页《御制大明一统志序》。

② 杨念群:《"天命"如何转移:清朝"大一统"观的形成与实践》,上海人民出版社,2022年,第29页。

③ 杨念群:《"天命"如何转移:清朝"大一统"观的形成与实践》,上海人民出版社,2022年,第129页。

④（清）穆彰阿、潘锡恩等纂修:《大清一统志》第1册,上海古籍出版社,2018年,第1页。

一寰宇，抚有九域"①，而且谓"列祖列宗，丕昭神武，继继承承。平定朔漠、青海、台湾、两金川……，拓新疆二万余里。……居中驭外，远肃迩安。如海朝宗，如星拱极"②。可见，从秦始皇统一开始，空间疆域的完整统一就成为大一统王朝的核心追求和关键要素。

其次，统一性是基于时间"无穷"的长期统一。

秦灭六国后，秦始皇明确表达秦帝国应"二世三世至于万世，传之无穷"③。统一不是一时的统一，而是要连绵至无穷的统一，是为了天下长久安宁的统一。因此统一后不久，秦"收天下兵，聚之咸阳，销以为钟镰，金人十二，重各千石，置廷宫中"④。其化兵为乐，示天下再无兵燹。在泰山刻石中，秦人讲"大义休明，垂于后世，顺承勿革。皇帝躬圣，既平天下，不懈于治。夙兴夜寐，建设长利，专隆教诲。……昭隔内外，靡不清净，施于后嗣"⑤，表达出"平天下"后的"建设长利"要延及"后世"，同样是对长期统一的期盼。

在刘邦建立汉王朝选择都城时，张良向刘邦说洛阳所在之地，"其中小，不过数百里，田地薄，四面受敌，此非用武之国也。夫关中左殽函，右陇蜀，沃野千里。南有巴蜀之饶，北有胡苑之利，阻三面而守，独以一面东制诸侯。诸侯安定，河渭漕挽天下，西

① （清）穆彰阿、潘锡恩等纂修：《大清一统志》第1册，上海古籍出版社，2018年，第46页。

② （清）穆彰阿、潘锡恩等纂修：《大清一统志》第1册，上海古籍出版社，2018年，第46页。

③ （汉）司马迁：《史记·秦始皇本纪》，中华书局，2013年，第300页。

④ （汉）司马迁：《史记·秦始皇本纪》，中华书局，2013年，第303页。

⑤ （汉）司马迁：《史记·秦始皇本纪》，中华书局，2013年，第308页。

给京师；诸侯有变，顺流而下，足以委输。此所谓金城千里，天府之国也"，刘邦一听"即日驾，西都关中"①。统一王朝首都选择上的长期性考虑，与统一君王对王朝延绵无穷的长期性要求密切相关。

对统一王朝长期延续的追求，同样体现在一些具体施政的细节如地名命名之中。刘邦不仅将都城命名为"长安"，城内宫城更名"长乐宫""未央宫"，此外还将其父太上皇陵名"万年"，将自己的陵墓名为"长陵"，后来汉惠帝的陵墓则名"安陵"。在西汉出现以文字为主装饰的文字瓦当后，这些主要在国家建筑上使用的瓦当，频频出现"万岁""安世万岁""延年""万世""千秋万岁""千秋万岁与天毋极""千秋万岁与地无极""千秋万岁与天地无极""长乐未央""长生未央""长乐毋极"等层出不穷的表达追求长久的吉语内容（图107）。

在隋新建都城"大兴"后不久，继而用之的唐王朝很快将其名称改回"长安"。当然，在当时都城中所设的"长安""万年"两县县名，同样表达了对都城和王朝永传无穷的深刻追求。在天顺五年（1461年）明英宗为《大明一统志》题写的"序"中，明确指出编写一统志，是为了"天下之士……以辅成我国家一统之盛

图107 陕西西安汉宣帝杜陵出土"长乐未央"瓦当

---

① （汉）司马迁：《史记·留侯世家》，中华书局，2013年，第2468、2469页。

于无穷，虽天地同其久长可也"①。

因此，在秦统一以来2200多年统一的多民族国家历史中，统一从来不是一个突发的"临时"概念，它一直是古今国人心中的长久愿景，是历代无数英雄豪杰、志士仁人的努力目标，因此才形成和不断发展了永不断裂的中华文明，形成了自始皇统一至今不断发展壮大的大一统传统。

最后，统一性的核心是"内向凝聚"。

秦始皇完成统一后进行了长时间的大范围出巡，他在巡行途中的刻石记功铭刻中，表达了对统一王朝的宏大愿景。如琅琊刻石讲"远迩辟隐，专务肃庄"②，之罘刻石讲"阐并天下，灾害绝息，永偃戎兵"③，碣石刻石讲"惠论功劳，赏及牛马，恩肥土域。……男乐其畴，女乐其业，事各有序。惠被诸产，久并来田，莫不安所"④，会稽刻石讲"大治濯俗，天下承风，蒙被休经。……黔首修洁，人乐同则，嘉保太平"⑤。秦始皇反复表达出的，是在统一王朝的治理中当一视同仁，不会基于原区域或族群的不同而区别对待。

秦以郡县为基础的多级区域治理方式，虽适应了庞大农业区域的治理要求，但对以牧业为主、人口稀少、交通困难或周边民族聚居区而言却存一定困难。面对统一的多民族国家复杂的地域与族群关系，秦汉王朝针对性地实行了一系列特殊制度。它们既保证了中央政权的有效控制，又充分尊重当地传统，保持其原有社会生产生

① （明）李贤等撰：《大明一统志》，三秦出版社，2023年，第2页《御制大明一统志序》。
② （汉）司马迁：《史记·秦始皇本纪》，中华书局，2013年，第311页。
③ （汉）司马迁：《史记·秦始皇本纪》，中华书局，2013年，第316页。
④ （汉）司马迁：《史记·秦始皇本纪》，中华书局，2013年，第318页。
⑤ （汉）司马迁：《史记·秦始皇本纪》，中华书局，2013年，第329页。

活方式，同时中央政府给予经济资助。当时开创的"一国多制"政策，为统一政权的巩固和发展做出巨大贡献①。

县、道并设是郡县制推行中秦的制度性创造，并在始皇统一后向全国推广，为两汉等王朝继承。具体而言，秦在推广郡县制时，对一些新统治的民族聚集地点根据情况设置"道""属邦"等，将地方行政制度与民族管理相结合。"道"与县同级，"有蛮夷曰道"②。"属邦"汉代改称"属国"，"掌蛮夷降者"③。以"道"和"属邦"为代表的特殊地方行政制度适应了秦汉统一的多民族国家形成过程中复杂的区域与民族关系，对秦汉多元一体格局的巩固和发展起到了巨大的推动作用。历年不断出土的秦汉简牍中"县道"连称即是其明证。当然，与此相应，还专门制造了针对特殊族群的法律制度，与"道"一样被后世继承，成为中国传统治国理政的重要内容。

汉代，汉王朝在设道的同时，还在一些新归属地区设置"初郡"。汉武帝灭南越后"番禺以西至蜀南者置初郡十七，且以其故俗治，毋赋税。南阳、汉中以往郡，各以地比给初郡吏卒奉食币物，传车马被具"④。在初郡，汉王朝一方面设郡县、派官员，一方面以当地风俗治理，"以其故俗治"，有力保障了当地族群按旧习俗、语言、生活方式的自然发展。与此同时，初郡虽"毋赋税"，但为保障行政开支，汉王朝另择内地汉郡"对口支援"，给予其治理运营所需经费。初郡政策的实施，既保证了汉王朝版图稳定，

---

① 葛剑雄：《统一分裂与中国历史》，《统一与分裂：中国历史的启示》，商务印书馆，2013年，第221页。

② （汉）班固：《汉书·百官公卿表》，中华书局，2006年，第742页。

③ （汉）班固：《汉书·百官公卿表》，中华书局，2006年，第735页。

④ （汉）司马迁：《史记·平准书》，中华书局，2013年，第1728页。

图108　重庆奉节出土"汉归义賨邑侯"金印

也延续了包含一系列当地旧有政治、法律、文化和经济等在内风俗的继续存在，使其可以在统一王朝的支持下按当地传统继续发展（图108）。

秦所开创的顺应各地实际情况的治理政策，被后世王朝继承。汉王朝外，南朝的宁蛮府和左郡左县、魏晋十六国与北朝的诸部护军和部落酋长制、唐宋羁縻州郡、明代羁縻都卫、元明清土司制度等，都与"道""初郡"有着必然的内在联系。

于是，在大一统背景下，在与其他内地郡国等有了长期稳定的大量交流后，在潜移默化中自然不断发展增强着内向的凝聚，并在长期大一统环境的陶冶下，孕育出中华民族的共祖观念。

从文献记载看，夏、商、周都认为自己是黄帝之后，战国时的七国君主同样认为自己为黄帝后裔。《史记·楚世家》载"楚之先祖出自帝颛顼高阳"[1]，韩、燕、魏与周同姓，均为帝喾后裔。秦与赵同姓，"秦之先，帝颛顼之苗裔"[2]，"赵氏之先，与秦共祖"[3]。地处北疆的匈奴认为"其祖夏后氏之苗裔也"[4]。为前燕建立奠定基础的慕容廆认为"其先有熊氏之苗裔，世居北夷，邑于紫蒙之野，号曰

---

① （汉）司马迁：《史记·楚世家》，中华书局，2013年，第2027页。
② （汉）司马迁：《史记·秦本纪》，中华书局，2013年，第221页。
③ （汉）司马迁：《史记·赵世家》，中华书局，2013年，第2135页。
④ （汉）司马迁：《史记·匈奴列传》，中华书局，2013年，第3461页。

东胡"①，"魏之先出自黄帝轩辕氏"②。建立北周的鲜卑人，认为"其先出自炎帝神农氏，为黄帝所灭，子孙循居朔野"③。直至完成北方大一统建立辽国的契丹依然如此，"耶律俨称辽为轩辕后"④。

经历漫长发展大一统国家的长期涵养，黄帝成为中华民族意识中的共同祖先，"无论是汉人主政还是少数民族主政，不管有没有直接血缘关系，都需要承认，认了才是正统，才有政权的合法性"⑤。与此相关，无论是早期的华夏族还是后来的汉族，都普遍存在不重视血统的文化传统。任何异族只要认同汉族，接受汉族文化，就可以成为汉族的一员。对异族的杰出人物，一旦能为统一政权效劳，同样会被委以重任。历史上汉族同其他民族的冲突和战争虽然不断，但内部却从来没有发生过清查血统一类的运动⑥。文献中反复出现的"向慕华风"，揭示出的正是族群间的文化认同远比血缘更加重要，而汉族本身就是若干民族在大一统发展进程中不断融合的自然产物。即使是在如以"匈奴"为代表的北方民族地区，从《史记》《汉书》等文献记载看，其族群来源的复杂性丝毫不弱于中原汉族地区，同样是融合的成果。

习近平总书记指出，"中华文化认同超越地域乡土、血缘世系、宗教信仰等，把内部差异极大的广土巨族整合成多元一体的中华民族"⑦。在不断发展培育的共同文化思想的推动下，在长期

---

① （唐）房玄龄等：《晋书·慕容廆载记》，中华书局，1974年，第2803页。

② （唐）李延寿：《北史·魏本纪》，中华书局，1974年，第1页。

③ （唐）令狐德棻等：《周书·帝纪》，中华书局，2022年，第1页。

④ （元）脱脱等撰：《辽史·世表》，中华书局，2023年，第1051页。

⑤ 周天游：《论秦汉帝国与"中国"的关系》，《秦史：崛起与统一》，西北大学出版社，2019年，第7页。

⑥ 葛剑雄：《统一与分裂：中国历史的启示》，商务印书馆，2013年，第15页。

⑦ 习近平：《在文化传承发展座谈会上的讲话（2023年6月2日）》，《求是》2023年第17期。

图109　山西太原隋虞弘墓出土汉白玉彩绘浮雕石椁椁座后壁

交往交流交融的潜移默化中（图109），由各地区各族群共同组成的中华民族，形成并不断发展着共同的民族和国家认同，和"内向凝聚"追求统一的共同心理。

三、统一性的形成原因

中华文明具有突出统一性的形成，主要有以下几方面原因：

1. 悠久稳定的疆域

我国地处亚洲东部，西起帕米尔高原，东到太平洋西岸诸岛，北漠南海，四周有自然屏障，是一个独特的地理单元。在古代居民概念中，这是适合人类生息的唯一土地，故称天下。古人又以为四面环海，故称四海之内。这一自成单元的土地，一直是中华民族的生存空间①。今天中国领土的绝大部分和边疆地区，都与中原王朝有着长时间的归属关系，很早已结为一体。

从公元前221年秦始皇建立疆域辽阔的统一中央集权国家"周定四极"开始②，尽管在发展过程中出现过内乱、分裂、民族战争和改朝换代，但以汉族（华夏族）为主体的多民族政权不仅始终存在，而且统一疆域范围越来越广，最终凝聚为一个统一的多民族国家，并在18世纪中叶形成中国古代的极盛疆域③。自古以来中华民族繁衍生长的稳定的统一疆域，是中华民族具有突出的统一性产生发展的历史舞台。

2. 互补依存的经济基础

经济基础决定上层建筑，上层建筑反作用于经济基础。在我国历史形成的稳定疆域内，有着农业区和游牧区两个并存的生产体系。其自然空间可大体分为秦岭-淮河以南的水田农耕民族和水田农业发展带、以北到秦长城的旱地农耕民族与旱地农业发展带、长城以北的游牧民族与狩猎民族发展带④。它们各有其不同产品，为对方所无或甚少，为对方生产、生活所需。长期以来，农业区和游牧区自然形成的以有易无的各种交易，规模、品种愈来愈大，愈来愈多⑤。这种互相依赖互相补充的内在联系，是中华民族越来越巩固发

---

①　费孝通：《中华民族多元一体格局》，《中华民族多元一体格局》，中央民族学院出版社，1989年，第2页。

②　（汉）司马迁：《史记·秦始皇本纪》，中华书局，2013年，第315页。

③　葛剑雄：《统一与分裂：中国历史的启示》，商务印书馆，2013年，第2页。

④　陈连开：《中国·华夷·蕃汉·中华·中华民族——一个内在联系发展被认识的过程》，《中华民族多元一体格局》，中央民族学院出版社，1989年，第88页。

⑤　谷苞：《论正确阐明古代匈奴游牧社会的历史地位》，《中华民族多元一体格局》，中央民族学院出版社，1989年，第184页。

展为统一国家的重要根源[①]。历史发展形成的游牧区和农业区的相互依存、相互促进，是大一统思想深入人心的经济基础，也是我国历朝大一统政治局面赖以建立的经济基础[②]。

自秦统一以来，我国已成为统一的中央集权的多民族国家。在中华民族自然生存的地理单元内，各地区各族群、农业区与游牧区间长期交融，共生互补、相互依赖所共同构成的我国古代经济的统一整体，成为不断发展、壮大的中华民族的经济基础，让深深扎根成长于其中的中华文明的统一性不断发展。长期的统一王朝的有效治理，又不断加强和推动着各地区经济的发展融合。因此，直到辛亥革命以前，在我国漫长的历史发展过程中，虽经历了多次严峻的历史考验，但统一始终都是我国历史发展的主流，统一始终都是各族人民的共同愿望。

3. 发展完善的制度文明

习近平总书记指出，"我国今天的国家治理体系，是在我国历史传承、文化传统、经济社会发展的基础上长期发展、渐进改进、内生化演化的结果"[③]，"我们没有搞联邦制、邦联制，确立了单一制国家形式，实行民族区域自治制度，就是顺应向内凝聚、多元一体的中华民族发展大趋势，承继九州共贯、六合同风、四海一家的中

---

① 陈连开：《中国·华夷·蕃汉·中华·中华民族——一个内在联系发展被认识的过程》，《中华民族多元一体格局》，中央民族学院出版社，1989年，第88页。
② 谷苞：《论正确阐明古代匈奴游牧社会的历史地位》，《中华民族多元一体格局》，中央民族学院出版社，1989年，第195页。
③ 习近平：《在省部级主要领导干部学习贯彻十八届三中全会精神全面深化改革专题研讨班开班式上的讲话（2014年2月17日）》，新华社2014年2月17日。

国文化大一统传统"①。

　　秦统一后总结历史经验创立的一套维护和巩固统一中央集权的
统治制度和配套措施，后世称其为"秦制"。其"建皇帝之号，立
百官之职，汉因循而不革"②，建立起以皇帝制度为核心的中央官僚
系统，将秦人商鞅变法后开始打破春秋世卿世禄制为军功爵制的
步伐推向全国，"因功授爵制—职官委任制—爵秩等级制—官吏俸
禄制……君国体制由此确立"③。这一在统一之初即已设计并被后来
王朝不断完善的官僚制度所代表的制度文明，"是中国社会和文明
中最引人注目的原创性特征之
一"④。

　　在中央设立百官制的同时，
秦"并一海内，以为郡县"⑤。
废封建而行郡县，标志着中央
集权制国家的正式出现，它有
效地改变了春秋以降周天子权
势渐微、"政由方伯"的分裂局
面。此后虽偶有分封与郡县并
行，但郡县制一直都是中国历
史发展的主流（图110）。

图110　陕西咸阳出土秦二世铜诏版

　　① 习近平：《在文化传承发展座谈会上的讲话（2023年6月2日）》，《求是》2023年
第17期。
　　② （汉）班固：《汉书·百官公卿表》，中华书局，2006年，第721页。
　　③ 冯天瑜：《周制与秦制》，商务印书馆，2024年，第291页。
　　④ 〔法〕费尔南·布罗代尔著，常绍民、冯棠、张文英等译：《文明史：人类五千
年文明的传承与交流》，中信出版社，2023年，第203页。
　　⑤ （汉）司马迁：《史记·秦始皇本纪》，中华书局，2013年，第312页。

在秦统一后的两千多年中，中央集权程度逐步强化，"虽然其间几度受到挫折，出现地方极端分权现象，因而造成分裂割据的局面，但接踵而来的新的统一王朝执行的则是更加强化的中央集权。行政区划本来是地方政府的施政区域，到了宋代以后，已转变为中央官员的施政分区，中央集权制此时也达到巅峰状态，因此元代以后，分裂局面已不再出现"[①]。由秦始皇推行的以郡县制为表现形态的行政区划和地方政府体系为历代遵奉[②]，成为中华文明长期统一发展的制度保障。

在这个过程中，秦始皇"一法度衡石丈尺、车同轨、书同文"[③]，为统一事业做出不懈努力，改变了"古之五帝、三王，知教不同，法度不明，假威鬼神，以欺远方，实不称名，故不久长。其身未殁，诸侯倍叛，法令不行"[④]，"诸侯力政，不统于王。恶礼乐之害，已而皆去其典籍，分为七国，田畴异亩，车途异轨，律令异法，衣冠异制，言语异声，文字异形"[⑤]的混乱局面。

秦不仅"罢其与秦文不合者"完成"同文"，而且在以秦文字作为国家通用文字的同时，还在秦篆基础上发展出隶书，大大加强了文字的普及，"打破了差异极大的方言及列国异文造成的语文隔阂，有利于政令颁行、文化传播"[⑥]，实现了春秋以来"定于一"的政治理想。

秦始皇统一后实施系列措施的历史意义，当时君臣已有明确认

---

① 周振鹤：《中国地方行政制度史》，上海人民出版社，2014年，第7页。
② 周振鹤：《中国地方行政制度史》，上海人民出版社，2014年，第7页。
③ （汉）司马迁：《史记·秦始皇本纪》，中华书局，2013年，第304页。
④ （汉）司马迁：《史记·秦始皇本纪》，中华书局，2013年，第312页。
⑤ （汉）许慎：《说文解字》，中华书局，2013年，第316页。
⑥ 冯天瑜：《周制与秦制》，商务印书馆，2024年，第267页。

知。在秦始皇出巡后一系列"颂秦德，明得意"的"刻于金石，以为表经"的铭刻中，反复强调各项措施的重要性。如泰山刻石说"皇帝临位，作制明法，臣下修饬。……治道运行，诸产得宜，皆有法式"①，琅邪刻石说"器械一量，同书文字。日月所照，舟舆所载。皆终其命，莫不得意"②，之罘刻石讲"大圣作治，建定法度，显箸纲纪。……普施明法，经纬天下，永为仪则"③，"黔首改化，远迩同度"④，会稽刻石讲"天下承风，蒙被休经。皆遵度轨，和安敦勉，莫不顺令"⑤。

秦始皇统一后推行的"一法度衡石丈尺、车同轨、书同文"等措施均被后世王朝继承，与百官制、郡县制等共同组成传承不绝的"秦制"，造就出"有同一文字、同一经济生活、同一政权控制的统一国家"⑥。

产生于中华文明形成早期的天文历法，从一开始就具有强烈的政治意义，在统一王朝时期，由此产生的观象授时不断被统一王朝强化，"受正朔，请颁历"很自然地成为宣示、维护统一主权的重要手段。

在"海内为郡县，法令由一统"情况下采取的一系列政治制度（图111），不仅保证了国家统一的长期稳定和发展，而且在统一国家各地区各族群的长期生活过程中，很自然地产生出追求统一的"内向凝聚"的心理追求，推动着中国成为"长时段现象，是

①　（汉）司马迁：《史记·秦始皇本纪》，中华书局，2013年，第308页。
②　（汉）司马迁：《史记·秦始皇本纪》，中华书局，2013年，第310页。
③　（汉）司马迁：《史记·秦始皇本纪》，中华书局，2013年，第315页。
④　（汉）司马迁：《史记·秦始皇本纪》，中华书局，2013年，第316页。
⑤　（汉）司马迁：《史记·秦始皇本纪》，中华书局，2013年，第329页。
⑥　冯天瑜：《周制与秦制》，商务印书馆，2024年，第266页。

图111　陕西西安出土秦杜虎符

一个轴心，围绕着它，中国的历史一个世纪接着一个世纪地缓慢运转"①。

4."内向凝聚"的心理追求

习近平总书记指出，"深厚的家国情怀与深沉的历史意识，为中华民族打下了维护大一统的人心根基，成为中华民族历经千难万险而不断复兴的精神支撑"②。

春秋战国时期，儒家一方面讨论夷夏之别，另一方面则强调兼容。孔子既说"夷狄之有君，不如诸夏之亡（无）也"③，同时主张"有教无类"④"远人不服，则修文德以来之。既来之，则安之"⑤。子夏更说"与人恭而有礼，四海之内皆兄弟也"⑥，战国时，

① 〔法〕费尔南·布罗代尔著，常绍民、冯棠、张文英等译：《文明史：人类五千年文明的传承与交流》，中信出版社，2023年，第204页。

② 习近平：《在文化传承发展座谈会上的讲话（2023年6月2日）》，《求是》2023年第17期。

③ 杨伯峻：《论语译注》，中华书局，2007年，第26页。

④ 杨伯峻：《论语译注》，中华书局，2007年，第192页。

⑤ 杨伯峻：《论语译注》，中华书局，2007年，第195页。

⑥ 杨伯峻：《论语译注》，中华书局，2007年，第140页。

原来的夷夏之别随着各族群的大融合而渐渐淡化，七雄用兼并的实际代替"尊王"口号，"夏夷之防"观念开始不再如前般强调，华夷一统观念酝酿形成①。

战国时期，随着统一条件不断成熟，无论从意识形态还是到地理划分，都逐渐打破了时存的诸侯国疆界，形成了包括各族群在内的大一统观念。《禹贡》提出"九州"，据各族群位置的远近和社会特点分为"五服"，创立了据土壤高下与物产不同确定赋税登记，据族群特点确定管辖政策，使"声教迄于四海"的地理学说与政治治理的理想。成书于战国的《周礼》虽是据商周以来官名及职掌而立说，但却成为后世王朝时代所推崇的统一理论。在《周礼·职方氏》中，讲"职方氏掌天下之图，以掌天下之地，辨其邦国、都鄙、四夷、八蛮、七闽、九貉、五戎、六狄之人民"②，是包括边疆族群在内的统一的政治学说。

经春秋战国的融合，逐渐形成稳定的民族共同体，中原出现了统一的大趋势。边疆族群与诸夏在文化上逐渐接近，统一步伐不断加快。这不仅为诸夏统一创造了历史前提，也为秦汉统一的多民族国家的巩固和发展奠定了坚实基础③。

自秦统一以来，我国境内的各区域各族群在长期交往交流交融中，自然形成了基于政治、经济、文化的互相依存、互相促进、共同发展的稳定关系。"中华民族作为一个自觉的民族实体，是近百年来中国和西方列强对抗中出现的，但作为一个自在的民族实体则

---

① 陈连开：《中国·华夷·蕃汉·中华·中华民族——一个内在联系发展被认识的过程》，《中华民族多元一体格局》，中央民族学院出版社，1989年，第82、83页。

② （汉）郑玄注，（唐）贾公彦疏：《周礼注疏》，上海古籍出版社，1990年，第497页。

③ 陈连开：《中国·华夷·蕃汉·中华·中华民族——一个内在联系发展被认识的过程》，《中华民族多元一体格局》，中央民族学院出版社，1989年，第86、87页。

是几千年的历史过程所形成。"经长期发展，"形成一个你来我往、我来你去，我中有你、你中有我，而又各具个性的多元统一体"①。

随着游牧区与农业区并存、互补关系的不断发展，不仅农业区产生了大一统思想，游牧区同样产生出对大一统的长久追求。秦统一后不久，在其北边游牧的匈奴，明确提出"地者，国之本也"的土地和疆域概念。冒顿单于东灭东胡王、西走月氏、南并楼烦、白羊河南王，"悉收复秦所使蒙恬所夺匈奴地者，与汉关故河南塞，至朝那、肤施，遂侵燕、代"，故"至冒顿而匈奴最强大，尽服从北夷"②，出现了"诸引弓之民，并为一家"的北边族群的大一统局面③。

匈奴一统的情况，得到统一汉王朝的认可和接受。汉文帝在给单于的信中，重申"先帝制：长城以北，引弓之国，受命单于；长城以内，冠带之室，朕亦制之。使万民耕织射猎衣食，父子无离，臣主相安，俱无暴逆"④。可见，在秦实现长城以南农业区统一后，匈奴统一了北方各游牧部落和联盟，出现了我国游牧区的首个统一王权，出现"'南有大汉，北有强胡'的局面"⑤。而之后的三国、晋、宋、明继承了农业区统一传统，鲜卑、柔然、突厥、回鹘、契丹等继承了游牧区统一传统。在农业区和游牧区分别统一后，最终形成混同南北的大一统。汉、唐两朝取得了丰富而富有历史意义的

---

① 费孝通：《中华民族多元一体格局》，《中华民族多元一体格局》，中央民族学院出版社，1989年，第1页。

② （汉）司马迁：《史记·匈奴列传》，中华书局，2013年，第3473页。

③ （汉）司马迁：《史记·匈奴列传》，中华书局，2013年，第3479页。

④ （汉）司马迁：《史记·匈奴列传》，中华书局，2013年，第3486页。

⑤ 费孝通：《中华民族多元一体格局》，《中华民族多元一体格局》，中央民族学院出版社，1989年，第10页。

成就，元朝实现了农业区和游牧区的完全统一，清朝最后完成和巩固了这个统一①。

作为中华民族一员的汉族，虽然族名是在汉代之后中原人与四周族群在接触中产生，但它的形成却是中华民族形成中非常重要的一环，是中华民族多元一体格局发展过程中自然产生的凝聚核心的体现②。秦汉以来由北方进入黄河流域的匈奴、乌桓、鲜卑、羌、氐、羯、丁零、突厥、高丽、回鹘、契丹、党项、女真、蒙古、维吾尔、回、满等族群，有的来自遥远的中亚、西亚，一部分后来迁回原地或迁到外地，但相当一部分加入汉族，甚至有的整个民族消失在汉人之中③。汉族的壮大从来不是单纯靠人口的自然增长，更重要的是吸收了进入农业地区的各族群，像滚雪球那样越来越壮大④。即使在统一之后的国家分裂时期，总是多民族的杂居、混合和融化，不断给汉族输以新的血液⑤。

西汉司马迁写《史记》时，将五帝、夏、商、周写成统一政权的情况，与其说是记载历史，不如说是在表达统一是由来而久的政治理想，对后世的历代政治思想产生了重要影响。秦汉以后，大一统思想在各族统治者中根深蒂固。汉族的哲学家、历史学家、政治

---

① 谷苞：《论正确阐明古代匈奴游牧社会的历史地位》，《中华民族多元一体格局》，中央民族学院出版社，1989年，第183页。

② 费孝通：《中华民族多元一体格局》，《中华民族多元一体格局》，中央民族学院出版社，1989年，第8页。

③ 葛剑雄：《统一与分裂：中国历史的启示》，商务印书馆，2013年，第15、16页。

④ 费孝通：《中华民族多元一体格局》，《中华民族多元一体格局》，中央民族学院出版社，1989年，第13页。

⑤ 费孝通：《中华民族多元一体格局》，《中华民族多元一体格局》，中央民族学院出版社，1989年，第31页。

家、军事学家都在著作中不断宣扬大一统思想①。

但统一从来不是汉族"专利"。中国域内的各个民族，都对长时间统一局面的形成和发展做出巨大贡献。匈奴人赫连勃勃建立大夏国，他认为自己是夏禹后代，希望恢复夏禹之业。匈奴人刘渊建汉，认为自己是刘邦之后，欲恢复汉朝，具有明显的大一统思想。氐人苻洪建立前秦后，其孙苻坚欲东南征晋，谓"非为地不广人不足也，但思混一六合，以济苍生"②。北魏拓跋珪定国号诏，讲"昔朕远祖，总御幽都，控制遐国，虽践王位，未定九州。逮于朕躬，处百代之季，天下分裂，诸华乏主。民俗虽殊，抚之在德，故躬率六军，扫平中土，凶逆荡除，遐迩率服"③，称帝诏讲"夫刘承尧统，旷世继德……《春秋》之义，大一统之美，吴楚僭号，久加诛绝，君子贱其伪名，比之尘垢"④，直言统一反对分裂。

魏孝文帝拓跋弘下令变鲜卑风俗习惯、服装、语言，推进与汉通婚，改汉姓，对促进民族融合发挥了积极作用。唐虽名义是汉族统治，但实为各族参与的政权。从唐到宋间的近五百年里，中原一直是一个以汉族为核心的民族熔炉⑤。即使在分裂时期，统治者也无不以正统自居，以恢复统一为号召，非汉族统治者同样如此⑥。由蒙古人建立的元朝和满族人建立的清朝，更是两个统一全国的王朝，

① 谷苞：《再论中华民族的共同性》，《中华民族多元一体格局》，中央民族学院出版社，1989年，第67页。

② （北魏）崔鸿撰、（清）汤球辑补：《十六国春秋辑补》，中华书局，2022年，第464页。

③ （北齐）魏收：《魏书·帝纪》，中华书局，1974年，第33页。

④ （北齐）魏收：《魏书·帝纪》，中华书局，1974年，第37页。

⑤ 费孝通：《中华民族多元一体格局》，《中华民族多元一体格局》，中央民族学院出版社，1989年，第14页。

⑥ 葛剑雄：《统一分裂与中国历史》，《统一与分裂：中国历史的启示》，商务印书馆，2013年，第223页。

其疆域远超汉唐，对巩固和发展多民族国家做出极为重要的贡献。从历史上看，不论哪个民族统治者当权，中国文化都得到继承发展，保持了历史延续，为世界其他文明古国所不见①。

在天人合一、祖先崇拜等思想长期发展的过程中，诸如天地祭祀、黄帝祭祀、封禅祭祀等不断发展，并成为统一王朝凝聚人心、维护一统的重要措施，还留下了陕西黄陵祭祀、山东泰山等五岳崇拜等一系列文化遗产。

"中华文明突出的统一性"是在中国悠久而稳定的疆域中，在长期互补依存的经济基础上，在发展完善的制度文明的推动下，在两千多年共同追求统一的"内向凝聚"力的共同作用下所形成、发展并不断壮大。

"内向凝聚"的核心，是各地区各族群长期交融发展自然产生的对"中"的强烈要求。东汉许慎讲"中，内也"，"内，入也。从口，自外而入也"②。"内向凝聚"即是向心而聚。《周礼·地官·大司徒》载："以土圭之法测土深，正日景，以求地中。……日至之景，尺有五寸，谓之地中。天地之所合也，四时之所交也，风雨之所会也，阴阳之所和也。然则百物阜安，乃建王国焉，制其畿方千里而封树之。"③《吕氏春秋·慎势》："古之王者，择天下之中而立国，择国之中而立宫，择宫之中而立庙。"④司马迁更讲："昔唐人都河东，殷人都河内，周人都河南。夫三河在天下之中，若鼎足，王

---

① 谷苞：《再论中华民族的共同性》，《中华民族多元一体格局》，中央民族学院出版社，1989年，第69页。

② （汉）许慎：《说文解字》，中华书局，2017年，第8、104页。

③ （汉）郑玄注、（唐）贾公彦疏：《周礼注疏》，上海古籍出版社，1990年，第152、153页。

④ 许维遹：《吕氏春秋集释》，中华书局，2020年，第460页。

者所更居也，建国各数百千岁。"①在天地合、四时交、风雨会、阴阳和的天下之中建都，自然国泰民安，为大家向往。长期对"中"的执着追求，自然形成了中华民族"执两用中、守中致和的思维方法"②。

由于中华文明具有强大向心力的"内向凝聚"的统一意识，因此在世界各大文明古国中，中国才成为唯一拥有5000多年不断裂文明和长时间稳定疆域的国家，这与统一性观念早已深入人心有着直接关系。

四、小结

从历史发展看，在长时间大一统王朝的不断发展过程中，在共同经济基础的推动下，在秦百官制、郡县制等国家治理制度和一系列政治智慧与政治文明的推动下，形成了中华民族根深蒂固追求统一的国家观与世界观，形成了"中华文明历经数千年而绵延不绝、迭遭忧患而经久不衰，这是人类文明的奇迹，也是我们自信的底气"③。

习近平总书记指出，"中华民族在漫长历史中，共同建设了包括宝岛台湾在内的祖国疆域，共同书写了中国历史，共同创造了中华文化，共同培育了民族精神"④。

---

① （汉）司马迁：《史记·货殖列传》，中华书局，2013年，第3931页。
② 习近平：《在文化传承发展座谈会上的讲话（2023年6月2日）》，《求是》2023年第17期，第5页。
③ 习近平：《在文化传承发展座谈会上的讲话（2023年6月2日）》，《求是》2023年第17期，第11页。
④ 《习近平会见马英九一行（2024年4月10日）》，新华社2024年4月10日。

中华文明是多元一体的统一，是通过长期交往交流交融不断发展创新的追求和平的统一，具有举世无双的高度凝聚力、向心力和包容力，它经历了历史上的各种风险、考验，愈加坚固而难以撼动。

中华民族历史形成的把个人与国家、民族命运紧密结合的大一统思想，共同凝聚出的根深蒂固的国家观、世界观，形成的对国家统一的集体认同，是我们在世界百年未有之大变局中抵抗各种风险挑战，在实现中华民族伟大复兴的中国梦奋斗征程中，在加快构建新发展格局的过程中，保持中华文化连续发展、中国统一繁荣的重要基础。更好地传承发展中华文化具有突出的统一性，我们必将创造出比历史上更加辉煌的统一。

兼收并蓄　融汇四方

——中华文明的包容性

中华文明具有突出的包容性。中华文明从来不用单一文化代替多元文化，而是由多元文化汇聚成共同文化，化解冲突，凝聚共识。中华文化认同超越地域乡土、血缘世系、宗教信仰等，把内部差异极大的广土巨族整合成多元一体的中华民族。越包容，就越是得到认同和维护，就越会绵延不断。中华文明的包容性，从根本上决定了中华民族交往交流交融的历史取向，决定了中国各宗教信仰多元并存的和谐格局，决定了中华文化对世界文明兼收并蓄的开放胸怀。

（摘自习近平《在文化传承发展座谈会上的讲话（2023年6月2日）》，《求是》2023年第17期）

中华文明具有突出的包容性，是在五千多年的发展历程中形成的独特属性，也是中华文明能够保持其连续性，并取得灿烂成果的根本原因之一。中华文明形成的过程是中华大地上不同地区、不同文化、不同习俗相互交流、相互借鉴、相互包容的过程。通过中华文明核心区域对周边文化的博采众长和兼收并蓄，最终融汇凝聚出成熟的文明形态。平等、包容和开放的社会风气，大大提升了中华文明的吸引力和凝聚力，促进周边民族不断内附与融入，不但扩大了中华文明的范围和规模，也使得中华文明的成就和内涵更加丰富和多元。

中华文明在漫长的发展历程中，向全世界贡献了自身独创的灿烂成果，同时也不断从其他文明中吸收、借鉴先进的生业方式、技术工艺和文化精粹，成为各相关领域继续创新的源泉，促进了中华文明的进步，也在一定程度上改变了中华文明的样貌。通过与不同文明之间的互通有无和成果共享，中华文明形成了与其他文明高度相融、和谐共处的独特属性，共同推进构建你中有我、我中有你的人类命运共同体。

中华文明的突出的包容性，在史前时期至历史时期的考古发现中得以充分的体现，尤其是在文化区系、典型器物、工艺技术、宗教艺术等各方面都有丰富而有力的实证。

一、包容性的考古学实证

1. 华夏熔铸

包容性是中华文明形成过程中所携带的基因，也是促使其最终形成的重要因素。中华文明的形成是一个漫长的、动态的过程，是中华大地上不同地区、不同文化、不同习俗相互交流、相互借鉴、相互包容的过程。自新石器时代开始，各个地区都发展出了各具特色的文化区系，以及各区系内的不同类型，彼此之间呈现出相互吸纳、融合的态势。距今6000—5300年，各地区都达到了相当高的发展程度，出现了"满天星斗"的众多"古国"。距今约5300年前，良渚文化融合各地区政治实践经验创造出的辉煌成果，形成了早期国家，率先进入文明阶段①。良渚文明最重要的玉器——琮和璧，携带着良渚的宗教信仰和礼仪制度，向各地传播着文明的种子，开启了史前文明的浪潮。

距今4500年前，以黄河流域为中心的中原地区进入一个大量吸收周邻地区文化要素的新阶段——中原龙山文化时期，逐渐奠定了中华文明形成中的核心地位②。陶寺遗址作为华夏文明的重要源头，在诸多方面表现出"熔合"四方的特质：铜器和双耳罐与甘青地区齐家文化密不可分；鼍鼓、玉石钺以及随葬猪下颌骨的习俗与海岱地区大汶口-龙山文化系统一脉相承；玉琮、璧与长江下游良渚文化遥相呼应；粗体斝与江汉平原石家河文化同类形器不谋而合；王级大墓中的玉兽面与石峁遗址石雕兽面、人面饰和肖家屋脊文化多见的兽面异曲同工；另外，在陶器、玉器、铜器、建筑技术等方面，陶寺也与晋陕高原的石峁休戚相关（图112）③。

二里头文化在形成和发展过程中，与四裔文化长期交流互动、相互促进，最终融汇凝聚出成熟的文明形态，使中原腹心地区率先

① 李新伟：《良渚文化和"最初的中国"》，《光明日报》2021年1月17日第12版。
② 赵辉：《以中原为中心的历史趋势的形成》，《文物》2000年第1期。
③ 高江涛：《陶寺遗址的文化融合与创新》，《光明日报》2024年3月3日第11版。

进入王朝文明阶段。从二里头文化器物中可以观察到来自四面八方不同区域的文化影响，例如陶质酒礼器中的鬶、盉、爵的原型来自大汶口－山东龙山文化的鬶，大型有刃玉礼器如璋、刀和钺等也源自山东龙山文化；二里头文化中的印纹硬陶、原

图112　陕西延安芦山峁遗址出土玉琮

始瓷器、鸭形鼎，以及其上的云雷纹等，可能是受东南地区的文化影响产生的；贵族墓葬出土的玉鸟形器和柄形器来自长江中游的肖家屋脊文化；青铜战斧和环首刀来自早期北方草原地带及其邻近地区；海贝则可能自印度洋热带海域经西北地区输入。可见二里头文化处于一个广泛的文化交流网络的中心区域，因而汇集了华夏大地早期文明的精粹，体现出"怀柔万邦"的气度与胸怀，这种开放与包容的特性是推动二里头文化成为东亚地区最早的"核心文化"的强劲动力[①]。

　　西周时期采用分封制，众多附属方国得以归附和册封，边远地区大量的异族方国也纷纷称臣纳贡，被称为"服国"。主要的封国和服国境内皆是夷夏杂居、戎狄交错的状态，分封制的推行促进了宗周礼乐文化向这些地区散播，也吸引这些地区的族群向中原文明靠拢和聚结，进一步促进了华夏共同体的发展。位于周王朝统治

---

　　① 赵海涛、许宏：《中华文明总进程的核心与引领者：二里头文化的历史位置》，《南方文物》2019年第2期。

图113　陕西宝鸡强国墓地出土古蜀风格的青铜人像

图114　四川广汉三星堆遗址出土铜立人像

腹地的陕西宝鸡强国墓地的考古发现，折射出西周时期各民族交流融合的历史进程。强国墓地出土的大量青铜礼器，从器形、纹饰到铭文，都与西周关中地区华夏贵族的青铜礼器别无二致，属于当时的主流文化；而梯形墓葬、砾石随葬、马鞍形双耳陶罐等因素，则是来自于氐羌民族的寺洼文化。同时，墓葬中还出土有蜀戈、尖底陶罐等早期蜀文化的代表性器物，器物中表现的人物形象与古蜀人具有极高的相似度（图113、114）①。可见强国贵族具有浓厚的氐羌和蜀族背景，在周王朝建立后被分封到周原膏腴之地，与周王室和王朝公卿共同生活于宗周王畿的核心地带，因而被深刻地浸染了华夏

---

　　①　卢连成、胡智生：《宝鸡强国墓地》，文物出版社，1988年；宝鸡市考古研究所：《陕西宝鸡纸坊头西周早期墓葬清理简报》，《文物》2007年第8期。

文化。但与此同时，其原有的文化特色并未被完全磨灭，而是与华夏文化融合于一体。

2. 汉胡交融

进入历史时期，关于中原农耕文明周边分布的游牧人群都有了较丰富和清晰的文献记载，其中，春秋战国时期的东胡、戎狄，秦汉时期的匈奴，三国两晋南北朝时期的鲜卑、吐谷浑、柔然，隋唐时期的突厥、吐蕃、回鹘，元明清时期的契丹、女真、蒙古和满族等，他们与以汉族为主体的农耕民族之间的互动、交流和融合，构成中国古代民族发展史的主线。各民族不断吸收中原文化，或群体性迁入中原内地，为汉文化输送新鲜血液，使汉族作为一种被极大认同的族群集合，如同滚雪球一样越滚越大，最终形成了多元一体的中华民族格局。

春秋时期是汉族形成的前奏，这一时期中原的夏商周三族之间进行民族融合，并扩展到蛮夷、戎狄之间。各民族之间通过迁徙、战争、通婚及贸易和文化交流等方式逐渐融合交汇，到春秋末期，内迁异族已被华夏吸收和融合，"华夷"逐渐走向一体，形成了包含有楚、燕、晋、齐、秦等不同支系的华夏民族集团，为统一的汉民族的形成奠定了基础。

河南洛阳伊川县徐阳墓地是春秋战国时期北方游牧民族迁徙与融合、文化交流与互动的实证。徐阳墓地发现500余座墓葬，包括贵族墓地和平民墓地。贵族墓地主体遗存为东周时期墓葬及陪葬车马坑等，这些东周墓葬的葬制、墓葬排列、器物组合及葬俗等具有典型的周文化风格，且等级差别十分明显。而在大中型贵族墓陪葬车马坑或部分中小型墓葬内，发现有放置马、牛、羊头蹄的殉牲现象，与春秋时期我国西北地区戎人葬俗相同。从徐阳墓地时间跨度及所处地理位置分析，墓地的族群信息与"秦、晋迁陆浑之戎于伊川"的陆浑戎相吻合，其所在的顺阳河流域应为陆浑戎迁伊川后的聚居地和核心区域①。

甘肃天水张家川马家塬墓地是战国晚期秦人统治下的一支戎人首领的墓地。3座墓葬均出土有装饰极为奢华的车乘（图115），还伴出有陶、铜、金、银、铁、骨及玛瑙、绿松石、琉璃等器物2200余件。墓葬形制、埋葬习俗，以及出土遗物造型特征、题材纹样和制作工艺等方面体现了多元文化的汇聚：除自身的西戎文化因素外，还包含有秦和中原地区的文化、楚文化、欧亚草原东部的中国北方系青铜文化、欧亚草原地带的斯基泰和巴泽雷克等多种文化因素②。但墓葬中缺乏整套显示威权和身份的游牧人武器，暗示该部

图115　甘肃张家川马家塬墓地出土马车（复原图）

① 郑州大学文物考古研究院（洛阳）、洛阳市文物考古研究院：《河南伊川徐阳东周墓地西区2013—2015年发掘》，《考古学报》2020年第4期。

② 早期秦文化联合考古队、张家川回族自治县博物馆：《甘肃张家川马家塬战国墓地2012—2014年发掘简报》，《文物》2018年第3期。

族可能是已经为秦国所羁縻、军事装备和武装力量受到秦国控制的状态①。因此可以说，该墓葬忠实地记录了边陲之地的西戎部族归附于秦国的历史过程，展现了草原游牧文化与秦文化深度融合的具体形态。

秦汉时期是中国历史上第一个大一统的政治局面形成的阶段，新兴的汉文化形成并发展成熟，在考古学中具体表现为"家族茔地的兴起""多代合葬一墓的新葬俗""模拟庄园面貌的模型明器的发达"，以及"墓室壁画和画像石反映的'三纲五常'道德观和'天人感应'的世界观"等②。这一系列特征组合在汉武帝时期向全国各地，尤其是向汉王朝边远地区推广开来，包括燕辽地区、内蒙古中南部、河西走廊、四川盆地、云贵高原、岭南地区、江浙地带和西域地区，其汉墓的考古学文化面貌趋于一致，这一过程在武帝及昭帝、宣帝时期基本完成。这是考古学层面上汉民族形成、秦汉帝国文化统一的体现，其背后的推动力，就是中华文明所具备的突出的包容性。以中原为中心的汉文化，对于华夏边缘地带的濊貊、匈奴、乌桓、西羌、百越、西南夷等族群具有强大的吸引力和凝聚力，汉政府采取羁縻和亲、怀柔安抚之策，大行封授之制，进一步扩大统治版图，推动这些族群内附汉廷，从文化上融入中华大家庭，这使得他们在考古学文化面貌上与汉文化趋于统一，但同时还保留有本族群的地方特色和身份识别。西汉政府加封归顺内附的部落首领、君长和属官以各类封号，如单于、

---

① 郭物：《马家塬墓地所见秦霸西戎的文化表象及其内因》，《四川文物》2019年第4期。

② 俞伟超：《考古学中的汉文化问题》，《古史的考古学探索》，文物出版社，2002年，第180—190页。

图116 云南晋宁石寨山墓地出土"滇王之印"金印

王或长，并颁赐印绶。根据级别的不同，印绶分为金、银、铜质地。这一制度在西北地区最为盛行，见于考古出土的有青海大通发现的"汉匈奴归义亲汉长"铜印、新疆沙雅发现的"汉归义羌长"铜印、甘肃西和的"晋归义羌侯"金印、甘肃泾州的"汉率善羌长"铜印、甘肃宕昌的"魏率善羌仟王"铜印以及陕西靖远的"晋归义羌王"金印等。此外，还有封授古滇国的"滇王之印"金印（图116），以及封授日本倭奴国的"汉倭奴国王"金印等，展示了汉王朝对于边疆及四邻"招携以礼，怀远以德"的方略。

　　秦汉时期中原地区与四裔各族群之间的人群迁徙和贸易往来加剧了文化上的融合和统一。北方匈奴大举南下，定居汉地，通婚杂处，逐渐浸沐汉文化，习得汉人的生产生活方式，带来族群上的大规模融入。中原汉人的铁器、丝绸、漆器、铜镜等，源源不断地输入北方草原地带，草原地带的牛、羊、马、金银器及皮革制品也大量输入中原内地。互补性的经济生态和繁荣的商业互市如同一条纽带，将各个族群紧紧联系在一起。

　　随着丝绸之路的开通，汉王朝首次在国家层面与中亚和西亚地区建立起广泛的联系。这一时期汉朝的生产和商业活动有了长足的发展，中国与周边国家之间的商贸交流更加频繁和兴盛，中华文明所具有的包容性得以充分体现。西域胡族文化在东汉时期尤其受到中原地区的推崇，胡人形象大量出现在汉代壁画、画像石、画像砖、雕刻器物上（图117）。文献记载东汉"灵帝好胡服、胡帐、胡床、胡坐、胡饭、胡空侯、胡笛、胡舞，京都贵戚皆竞为之"[1]，上行下效，一时间异域之风充溢中原，对中原地区的饮食、器具、语言、风俗、社会信仰，以及绘画、雕塑、音乐、舞蹈等都产生了广泛影响。

图117　贵州兴仁交乐东汉墓出土吹箫胡人俑

　　三国两晋南北朝时期是中国大一统政权之后的分裂时期，北方民族不断内迁、杂居、征伐，建立起大大小小的政权，各政权更迭交替频繁，形成370年的割据局面。胡汉文化的碰撞与融合是这一时期的主题。随着匈奴、羯、氐、羌、鲜卑、柔然、吐谷浑、铁勒等的汉化，大多曾经盛极一时的族群从史册上消失，到隋朝统一时，从北方迁入中原的游牧民族差不多都融入了汉族。虽然各地方政权通往西域诸国的交通受到不同程度的影响，但也纷纷尝试开辟新的路线途径，他们充分利用各自有利的地理位置和政治环境，实现了与周邻族群和异域番邦的相互相往和文化交流。

　　北魏以孝文帝改革为标志，拓跋鲜卑全面汉化。北魏后期的都城——洛阳城在全面继承汉王朝都城和宫室制度的基础上进行创新，形成了对后世王朝产生强烈影响的都城和宫室制度。洛阳城的建设过程是北魏政权不断学习吸收汉文化的过程，一方面高度仿效中原的礼制文化，另一方面也延续并融入了鲜卑族的传统习俗[2]。

① （南朝·宋）范晔：《后汉书·五行志》，中华书局，1965年，第3272页。
② 钱国祥：《汉魏洛阳城的祭祀礼制建筑空间》，《中原文物》2022年第4期。

北魏平城和洛阳汇聚了大量西域各国的奇珍异宝，还涌入大量来自西域各国的胡人。杨衒之《洛阳伽蓝记》中记述："自葱岭已西，至于大秦，百国千城，莫不款附。商胡贩客，日奔塞下，所谓尽天地之区已。乐中国土风因而宅者，不可胜数。是以附化之民，万有余家。门巷修整，闾阖填列。青槐荫陌，绿柳垂庭。天下难得之货，咸悉在焉。"[①]来华胡人包括外交使节、官僚、商人、僧人以及工匠和伎乐等，其中以"昭武九姓"粟特商人居多，同时也带来了他们的语言、宗教、物产、生活习惯和丧葬习俗。因此，具有萨保（商队领袖）身份的中亚粟特人墓葬不断被发现，如西安的北周安伽墓、康业墓和史君墓，另外在安阳、天水、洛阳这些粟特人的聚居区也发现有同类墓葬。这些墓葬均采用石堂或石棺床作葬具，雕饰有繁缛的祆教信仰和祭祀画面、中亚人日常生活场景等内容。他们的丧葬制度既受到"中夏之制"的影响，同时也保留了浓厚的中亚粟特人的葬俗特征（图118）。

唐朝的包容性首先体现在其民族政策上。唐朝尊重并保护各民

图118　陕西西安北周安伽墓出土石榻围屏

---

① （北魏）杨衒之撰，周祖谟校释：《洛阳伽蓝记校释》，中华书局，1963年，第117页。

族的文化传统，允许他们在境内自由发展。这种民族平等的政策和开放的社会风气，大大提升了唐文化的吸引力和凝聚力，促进周边民族包括铁勒、吐谷浑、突厥、吐蕃、回鹘等不断内附与融入，不但扩大了唐朝的疆域和人口规模，也使得唐朝的社会文化面貌更加丰富和多元。在日常生活方面，都城长安受西域胡族风气浸染极深，远自波斯、吐火罗，近至吐谷浑、突厥和吐蕃都成为唐人模仿的对象。胡帽衣衫乌靴、梳妆发式、餐食饮酒、乐舞竞技等，均为唐人所仿效。身着胡服的唐人形象，以及来自中亚的胡人形象，大量出现在唐墓壁画和陶俑上。

隋唐时期是陆地丝绸之路发展的鼎盛时期，丝绸之路沿线的许多国家，其时也正处于文化全盛时期，唐人以兼容并蓄、广纳百川的胸怀接受外来文化，同时亦以自信开放的姿态将大唐文化向周边四邻广泛散播。这一时期中华文明所具有的包容性达到了前所未有的高度，在文化制度、葬式葬仪、服饰器用、乐舞艺术等方面深受中亚和西亚地区的影响。

中亚诸国的王族成员到长安入侍为质者，他们的后裔和一部分慕义归化者，以及寻求政治避难的王族或贵族，构成常驻中原的西域藩国高级贵族群体。昭陵和乾陵的蕃臣雕像生动形象地再现了这些服务于唐朝政府的外籍官员的风采（图119）。唐朝曾与三百多个国家和地区有联系，每年大批外国客人和国内少数民族使节往来于长安，负责接待外国使臣成为政府外交部门——鸿胪寺的一项重要工作。章怀太子李贤墓墓道东西壁上的"客使图"就被认为是唐朝鸿胪寺官员接待外国来使的场景①（图120）。善于经商的中亚粟特

---

①　王维坤：《唐章怀太子墓壁画"客使图"辨析》，《考古》1996年第1期；赵超：《唐章怀太子墓壁画〈客使图〉补考》，《考古》2020年第6期。

图119　陕西咸阳昭陵和乾陵的蕃臣雕像及铭文立座石刻

图120　唐章怀太子墓壁画"客使图"

人从事的商业活动包括丝绸、
珠宝、珍玩、牲畜、奴隶、举
息等，几乎覆盖了所有重要市
场领域，确已控制了丝路贸
易的命脉，他们是唐墓中大量
发现的胡人牵乘骆驼俑和壁画
墓中胡人形象的艺术原型（图
121）。一些处于社会底层的胡
人，也成为唐墓壁画所描绘的
对象。陕西西咸新区空港墓群
中约24座隋唐墓壁画中有胡人

图 121　河南洛阳唐安国相王孺人唐氏墓胡人牵驼图

形象，其身份有御手、马夫、驼夫、男侍、舞伎、乐伎等，构成了
唐朝社会中颇引人瞩目的群体，这表明他们在唐朝社会中的融入程
度是极深的①。

　　宋元时期，南下征服中原的北方游牧民族依中原礼制和汉文
化传统修建都城，开辟农田，由狩猎游牧向农耕种植转化，逐渐
被华夏文明同化和融合。但在一定程度上还保留着自身的民族传
统，形成多元化的复合文化面貌。辽金政权沿袭唐朝及渤海国的复
都制，设立"五京制"，对不断扩大的疆域版图，尤其是对新占领
的北方农耕地区进行划区域、分职能的中央集权管理。由于这些新
兴都城汇聚了多民族群体和多种宗教信仰，因而在城市形制布局和
建筑功能和风格上，都有相应的、针对性的考虑和规划，以满足新

---

①　葛承雍：《新出中古墓葬壁画中的下层胡人艺术形象》，《故宫博物院院刊》2022
年第8期。

政权行政管辖的需求，以及各民族、各宗教和谐共处、文化交融的愿望。辽上京平面呈"日"字形，由北部的皇城和南部的汉城两部分组成，其布局规划是契丹统治者将燕山南北地区的契丹等北方民族和汉族有机融合在一起而进行统治的物化表现形式，堪称中国北方草原游牧文化传统和中原农耕文化传统在都城规制设计方面相融合的杰作[①]。元代实行"两都巡幸制"，兼顾统治大中原及承继游牧民族文化之传统。元上都作为其"夏都"，在承袭中原汉地都城规划设计中"三重城、模数制、中轴线"与"棋盘街"的基础上，有机地融入了游牧民族的生活方式和价值观，规划出大面积的草原、树林、水泊、空地等，将其设置为皇家"祭祀区""狩猎区"，以及东西南北四个"关厢区"，极富游牧民族特点。城内还修建有佛教（特别是藏传佛教）、道教等宗教建筑，以及儒学场所。此外，还建有帝师寺、城隍庙、伊斯兰教墓地等。这些宗教和礼制建筑依据不同的宗教文化而建，展现出不同的形制布局和地域特色，并根据各自重要性的差异被安置于城中的不同位置，堪称一座汇集世界宗教文化为一体的多元宗教城[②]。元大都也体现了汉、蒙、藏等多种文化杂糅交汇的特点。皇城内大部分建筑是汉式的，但也有非汉式的畏兀尔殿、棕毛殿、茶迭尔殿等，尼泊尔建筑师阿尼哥设计建造了"妙应寺白塔"，类似的覆盖钵形藏式白塔在北京修建了不止一座。由此可见元代所拥有的世界视野和开阔胸怀，其具有的突出包容性在中华文明发展进程中可以说达到了一个新的巅峰。

① 董新林：《辽上京规制和北宋东京模式》，《考古》2019年第5期。

② 冯宝、魏坚：《元上都宗教建筑布局的考古学观察》，《内蒙古社会科学（汉文版）》2014年第6期。

3. 胡神兼崇

中华文明对于外来宗教是极为包容的，这是有别于其他文明的一个突出特质。尤其是对于佛教，自传播之始便格外包容，在整个历史时期，官方和民间大多支持对佛教大力引入、翻译和弘传。由官方专门选派僧侣不远万里去教法起源地取经求法，这在其他文明中是罕见的，充分体现了中华文明对于异域文化的尊重和虚心借鉴的态度。对于被其他文明视为异端的一些宗教，中华文明也给予最大的支持和宽容，使其能够在中土有一方立足之地。与此同时，对于传入的各个宗教还进行调和、改进和本土化，使其能够多元并存、相互融合、协调发展。

据文献记载，佛教在东汉明帝时从西域大月氏国传入中原，考古发现最早的佛教图像出现于东汉明帝之后的半个世纪。在东汉中晚期，西自新疆，东至山东滕州、沂南，北达内蒙古和林格尔，南至四川彭山、乐山，都出现了较多的佛教图像，其中包括坐佛、菩萨、带头光童子、白象、佛塔、莲花等要素[①]。重庆丰都东汉延光四年（125年）纪年墓出土摇钱树佛像，是中国目前所见最早的纪年佛像，将西南地区乃至整个汉地早期佛像的出现年代提前至东汉中期[②]。这些早期佛教图像均依附于中国本土所流行的东王公、西王母图像系统，与黄老思想和神仙道教相杂糅，显示出佛教初传时期为迎合和适应中原传统信仰而采取的权宜之策（图122）。近年陕西咸

---

① 俞伟超：《东汉佛教图像考》，《文物》1980年第5期。
② 重庆市文物考古所、宝鸡市考古工作队、重庆市文物局等：《丰都槽房沟墓地发掘报告》，《重庆库区考古报告集·2001卷》，科学出版社，2007年。

阳成任墓地出土的东汉晚期金铜佛像①，属于典型的犍陀罗风格，已显示出开始脱离杂糅状态，逐渐独立成为被尊崇的神灵的趋势。

随着海陆交通的发展和文化交流的繁盛，佛教的影响逐渐增强，三国时期的佛教艺术品还表现出依附于中国本土仙道信仰的特征，并且在墓葬中

图122　四川德阳出土东汉摇钱树上的佛像

频繁出现，但在东晋时期，这一现象得以改变，佛像从墓葬中转入地上，成为专门被供奉的神灵。发现于长江下游地区的丧葬明器——堆塑谷仓罐（又称魂瓶）忠实地记录了这一转变过程②。三国西晋时期的贴饰佛像与仙人和其他各类动物的形象混杂，之后佛像内容越来越单一和庄重，到了东晋时期，这类堆塑谷仓罐突然消失不见了（图123）。

北魏和南朝时期开始大规模兴建寺院，系统地翻译佛经，西行求经和东来弘法的高僧开始成为丝绸之路上的主

图123　江苏南京出土魂瓶

①　陕西省考古研究院、陕西十月文物保护有限公司：《陕西咸阳成任墓地东汉家族墓发掘简报》，《考古与文物》2022年第1期。

②　全涛：《五联罐和魂瓶的形态学分析》，《考古与文物》2004年第2期。

角。佛教石窟寺先在新疆南部由西向东陆续开凿，以甘肃张掖金塔寺、酒泉文殊山、永靖炳灵寺为代表的河西石窟最早开始了佛教艺术中国化的尝试。4世纪时敦煌开始建造莫高窟，此后中国北方地区大量营造石窟。天水麦积山早期洞窟、太原天龙山石窟、大同云冈石窟和洛阳龙门石窟中的北魏洞窟是中国本土佛教造像艺术风格的典型代表。云冈石窟是北魏平城佛教文化与艺术的

图124 山西大同云冈"昙曜五窟"第20窟释迦坐像

集大成者，尤其是早期开凿的昙曜五窟（图124），吸收并融合了古印度犍陀罗、秣菟罗艺术的精华，在雕刻技艺、服饰特征、渲染手法等方面则继承并发展了汉文化的优秀传统，创造出了独特的艺术风格。6世纪，佛教石窟艺术逐渐摆脱了犍陀罗风格的影响，完成了在中国本土化的过程。

唐朝宗教政策比较宽松，佛教、景教、祆教、摩尼教等都在全国范围内大规模弘传。唐代开窟造像规模空前，数量激增，达到了一个高潮。除了继续在前朝已开发的石窟，如敦煌莫高窟（图125）、永靖炳灵寺、天水麦积山、洛阳龙门寺、太原天龙山等雕造佛像外，还在邯郸响堂山、济南千佛山、广元皇泽寺等处开凿石窟，并融入中国本土的审美意识，形成了统一的唐代风格，呈现出中国化、世俗化、一体化的趋势。

图 125　甘肃敦煌莫高窟第 45 窟雕塑壁画

　　祆教、景教和摩尼教被称为"三夷教"，与佛教有所不同，它们多在入华胡人中传布。由于入华粟特人群体较大，分布广泛，他们所崇信的祆教传播影响尤为突出。祆教的僧侣祆祝、祆正被列入职官编制，粟特人的聚落首领——大萨保也是朝廷所置。近年来有关隋唐时期粟特贵族的考古遗存发现较为丰富，包括山西太原隋虞弘墓（图 126）、河南安阳隋魏庆墓、河南洛阳隋安备墓、甘肃天水隋石棺床、日本美秀（Miho）博物馆藏隋石屏等，都深深烙上了祆教的印记。石制葬具与北朝粟特人石堂和石棺床一脉相承，乃是吸收了汉人的葬具形式；而葬具上雕刻绘制的则是入华粟特人的生活习俗和祆教祭祀等内容，显示出他们虽然远涉万里，融入华夏，却仍然保留着自身的宗教信仰和文化传统。

　　景教是基督教的一个派别——东方叙利亚基督教，在大秦（即罗马帝国）被视为异端而遭驱逐，于 635 年传入唐朝，唐太宗亲自

图126　山西太原隋虞弘墓石椁局部浮雕图案

接见大德阿罗本，并赐予大秦寺一所，允许刊印流布经书。此后，景教便在各地建立寺院，传播经典和教义，并主要在贵族和外族中传布宣扬。唐德宗建中年间，更立大秦景教流行中国碑，记述景教在中国的流行情况（图127）。在新疆高昌地区发现有景教寺院遗址，特别是近年来考古学者发掘了奇台县唐朝墩景教寺院遗址[①]和高昌区西旁景教寺院遗址[②]，出土不少景教建筑遗存、纸质文书、壁画、绢画等。景教文献和经典出土较多，用叙利亚文、中古波斯文、帕提亚文、和田塞语、粟特文、突厥文、回鹘文等多种文字写成，与佛教经典共出；发现的壁画中融入了唐画风格和技法，建筑

① 任冠、魏坚：《2022年唐朝墩古城遗址考古工作的主要收获》，《西域研究》2023年第2期。

② 刘文锁、王泽祥、王龙：《2021年新疆吐鲁番西旁景教寺院遗址考古发掘的主要收获与初步认识》，《西域研究》2022年第1期。

图127　大秦景教流行中国碑

兼有罗马和唐朝因素，显示出多种文化、多种宗教的混合特征。

694年，波斯人拂多诞持《二宗经》至中国，标志着摩尼教传入中国。摩尼教曾一度被禁，后来成为回鹘国教，借回鹘之势在中国内地大为传布。迄今为止，摩尼教寺院遗址主要发现于新疆吐鲁番地区，高昌故城发现有两座摩尼教寺院遗址，均出土了大量的摩尼教遗物（图128），如壁画、绢画、多种语言文字书写的写本和木牍，以及佛教文献和遗迹遗物。另外在柏孜克里克、胜金口、吐峪沟等发现有摩尼教石窟①。

唐代对异域宗教的开明态度和极大的包容度，归根结底是唐朝

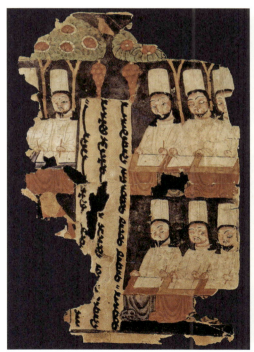

图128　新疆吐鲁番高昌故城遗址出土摩尼教彩色书页

---

① 〔德〕阿尔伯特·冯·勒柯克、恩斯特·瓦尔德施密特：《新疆佛教艺术》（上），新疆教育出版社，2006年，第117—132页。

怀柔策略下对西域胡人的包容，他们构成了各个宗教的主体受众：粟特人多信奉祆教，回鹘人多信奉摩尼教，大食人多信奉伊斯兰教。此外，这些宗教的教义本身也在一定程度上迎合了唐朝统治者的理念，促成了唐朝官方对它们的接纳和支持。再者，这些宗教也经常依附佛教、道教以自重，采取民众易于信任和接受的方式进行弘传，并进行了本土化的改造和融合。除了武宗灭佛对道教之外的所有宗教产生了短暂的冲击外，各大宗教基本上都是协调发展、友好共存的。

宋元时期，由于理学的兴起，儒、释、道三教合一的思想体系趋于成熟，这在当时的丧葬习俗和石刻造像中都有体现。四川大足石刻和安岳石刻的三教合一题材，都反映了石窟寺从皇家石窟到民间信仰的转变（图129）。由于13世纪以后佛教在印度瓦解，中国佛教再也难以吸收与中国文化异质的成分，这加速了佛教与儒道二家的同化，促成了三教合一思想的孕育和流行。儒释道三种思想并行

图129　四川大足石刻妙高山"三教合一"洞窟

不悖、互相融通是中华文明特有的现象，塑造了中国人独特的精神品格，成为中华文明突出包容性的一个显著特征。

4. 师夷长技

中华文明在漫长的发展历程中，向全世界贡献了大量自身独创的灿烂成果，同时也不断从其他文明中吸收、借鉴先进的生业方式、技术工艺和文化精华，成为各相关领域继续创新的源泉，促进了中华文明的发展，在一定程度上也丰富了中华文明的样貌。

考古研究证实，当今中华大地上的重要农产品——小麦和牛、羊，都源自遥远的西亚"新月沃地"。小麦在公元前9500—前8500年于土耳其东南部、伊朗西部和地中海东部的丘陵地带被驯化成功，此后经中亚向东方传播。新疆通天洞遗址发现了距今5200年的大麦、小麦，这是我国境内发现的年代最早的大麦、小麦遗存，同时也发现了来自中原的黍，表明这些作物的东西向扩散均经过了这一地区①。至迟在距今4000年左右，小麦传入到中国古代文明的核心区域，即黄河中下游地区，随后逐步取代了本土农作物品种——粟和黍，成为中国北方旱作农业的主体农作物，并形成了现今中国"南稻北麦"的农业生产格局②。在距今4500—3500年，青稞通过巴基斯坦北部、印度和尼泊尔进入西藏南部，逐渐代替了在青藏高原种植了上千年之久的粟，成为藏族先民的主要食粮。

距今1万年前，绵羊和山羊在伊朗西南部最早被驯化成功。中

---

① 新疆文物考古研究所、北京大学考古文博学院：《新疆吉木乃县通天洞遗址》，《考古》2018年第7期。

② 赵志军：《小麦东传与欧亚草原通道》，《三代考古（三）》，科学出版社，2009年，第456—459页。

国的考古材料显示，距今5600—5000年，在甘肃和青海一带出现了目前所见中国最早的家养绵羊，随后逐渐由黄河上游地区向东传播，在距今4500—4000年出现在龙山文化遗存中。商代以后，在各个历史时期的遗址里都普遍出土羊骨。根据绵羊在中国境内突然出现并具备成熟的饲养方式，还有着由西向东的传播脉络，以及绵羊体型大致相同、基因特征相似证据，动物考古学家认为很可能是古人通过文化交流将最早在西亚地区被驯化的绵羊传入了中国。黄牛的情况与绵羊相似，最早约1万年前在西亚被驯化成功，中国最早的家养黄牛是在距今5600—4800年突然出现在甘肃一带，而后开始向东传播，在距今4500年左右进入中原地区[①]。

西亚的小麦、黄牛和绵羊通过欧亚草原通道和绿洲通道传入中国境内，逐渐融入了中华文明的生业系统，大大改变了当地以猪肉、粟稻为主的饮食结构，成为五谷和六畜的重要组成部分，对于中华文明的形成和发展具有意义非凡的影响和促进作用。中原地区经济的发展为文明的产生奠定了坚实的物质基础，牛羊一经传入便在祭祀活动中扮演着重要的角色。牛的役使也引发了畜力革命，推动了中华古代文明的进步。以牛羊为主要饲养对象的畜牧业，不但成为史前时期中华大地农耕文明的重要补充，同时也充分开发了中原周边地区的草场、山林和荒滩，将此前较少利用的自然资源转化为营养丰富的食粮，使相对单一的农业人群能够从容应对气候变化和人口膨胀带来的生存压力，同时也极大地拓展了东亚定居人群的生活范围，为中原与边疆的分野与融合、多元经济和文化格局的形

---

① 袁靖：《动物寻古：在生肖中发现中国》，广西师范大学出版社，2023年，第230—233页。

成奠定了基础。

中华文明的核心区——中原地区与欧亚草原跨越遥远的距离，建立起了较为密切的文化交流关系，还从这些地区引入了家马、马车。家马于距今5500年左右在中亚的哈萨克斯坦地区被驯化成功，此后家马和养马技术开始向东、向西传播。在距今4000年左右，驯化的家马出现于黄河上游的甘肃，在距今3300年的商代晚期出现于黄河中下游地区，成为当时重要的战争工具、祭祀和随葬牲畜，并以其数量多寡来彰显王权与等级①。商代尚未出现骑乘家马的证据，中国境内家马骑乘的最早证据出现于战国晚期的新疆哈密地区，与文献记载的赵武灵王胡服骑射时代相当。马车的使用极大地提升了军队的战斗力，改变了历史进程。中国境内最早的马车发现于商代晚期的车马坑（图130），一经出现便是成熟完备的形态。夏代后期都城二里头遗址虽然发现了车轮碾压形成的车辙痕迹，但两轮之间的距离远小于殷墟的马车，很可能是用牛牵引的车辆。而在俄罗斯高加索地区至西亚，早在距今4000多年前就已经发明了车，马车的发明也在距今3500年左右。欧亚草原地区还发现了与商代晚期马车结构非常相似的马车，因此商代晚期的马车很有可能是接受了来自欧亚草原的影响而出现的（图131）②。

人工冶铁起源于公元前1500年左右的小亚细亚赫梯，中国最早的铁器出土于甘肃临潭磨沟，约公元前14世纪，之后在公元前8—前7世纪在渭河流域出现锻铁。公元前5世纪之前的铁器较多发现于新疆、黄河及长江中下游地区，铁制农具、工具和兵器开始普遍

---

① 袁靖：《动物寻古：在生肖中发现中国》，广西师范大学出版社，2023年，第196—202页。

② 王海城：《中国马车的起源》，《欧亚学刊》2001年第3期。

图130　河南安阳殷墟出土商代晚期马车

图131　伊拉克和埃及青铜时代战车图像
左：伊拉克 Tell Agrab 遗址出土红铜战车模型（公元前2650年）
右上：埃及拉美西斯三世时期石雕战车图像（公元前13世纪）
右下：伊拉克尼尼微出土方尖碑亚述战车图像（公元前11世纪）

流行，中国进入了铁器时代。目前来看，中原地区出现铁器的时间晚于西北地区，中国出现铁器的时间又晚于西亚地区，因此中国块炼铁技术有可能是源自中亚和西亚，而新疆和甘青地区可能是其传入的通道。中原地区在吸收冶铁工艺后，发展出先进的生铁技术体系，反过来对西北地区又产生了重要影响①。

世界上最早的牛耕出现于公元前3000年左右两河流域的乌鲁克文化，中国古代牛耕技术的兴起很可能受到两河流域的影响。以牛犁地的首要条件是让牛完全听从指挥，给牛鼻穿环是一项重要的发明。约公元前2500年的苏美尔王室墓内最早出现了给牛鼻穿孔的图像。由于家养黄牛来自西亚，因而这一技术很可能也是从西亚地区引入的②。中国的牛鼻穿环技术最晚在春秋时期已经出现，通过它可以实现控制牛、驾驭牛进行耕地和运输，可以说是古代农业社会生产力的一场革命。

东晋十六国时期，盛极一时的战车基本绝迹，"五胡"军队中单枪匹马的甲骑具装逐渐开始流行，据研究此类防护用具应是受到帕提亚重装骑兵的影响产生的，先是在骑马游牧民族中流行，后来因为战争而扩散到大江南北，在地方割据混战中发挥了很大作用。鲜卑拓跋氏统一北方后，北魏仍可依仗甲骑具装在南北对峙中保持一定战术优势，以至江左常将甲骑具装直呼为"鲜卑具装虎班突骑"③（图132）。这一时期的墓葬中出土不少此类陶骑马俑，壁画图像中也多有表现。辽宁北票冯素弗墓和朝阳十二台墓的鲜卑人墓葬中，均

---

① 陈建立、毛瑞林、王辉等：《甘肃临潭磨沟洼文化墓葬出土铁器与中国冶铁技术起源》，《文物》2012年第8期。

② 袁靖：《动物寻古：在生肖中发现中国》，广西师范大学出版社，2023年，第68页。

③ （南朝·梁）沈约：《宋书·武帝纪》，中华书局，1974年，第20页。

图132 宁夏固原出土北周彩绘陶甲骑具装骑马俑

有成套铁质实物出土①。另一个具有骑马游牧民族风格的重要器具是马镫，其被认为是改变世界历史的一大发明。目前最早的马镫实物也发现于辽宁朝阳的鲜卑人墓葬中，不仅数量多，种类全，时代早，而且是双镫②。可见至少在三燕时期，慕容鲜卑已将马镫和甲骑具装完美地装备在骑兵队伍中，成为其征战北方和中原过程中无往不胜的利器。从整个古代东亚地区来看，甲骑具装、马镫及鞍、衔和带扣等铜铁马具文化在辽西地区的盛行，推动和促进了马具文化的东传，对高句丽王朝、三国时期的朝鲜和古坟时代的日本都产生了深远的影响。

这一时期的墓葬中骑马俑数量激增，也直接反映了战争对优良马匹的需求。中原政权在鲜卑、突厥边境地区设立互市交易良马，北魏还"遣使向西域求名马，远至波斯国，得千里马"③，西域各国也向中原政权进贡汗血宝马。吐谷浑从波斯引入草马，培育出"龙种"青海骢，多次进献给中原王朝④。

① 辽宁省文物考古研究所、朝阳市博物馆：《朝阳十二台乡砖厂88M1发掘简报》，《文物》1997年第11期。

② 黎瑶渤：《辽宁北票县西官营子北燕冯素弗墓》，《文物》1973年第1期。

③ （北魏）杨衒之撰，周祖谟校释：《洛阳伽蓝记校释》，中华书局，1963年，第149页。

④ （北齐）魏收：《魏书·吐谷浑传》，中华书局，1974年，第2240—2241页。

战国中晚期，中国在西亚地区的影响下，逐渐发展出了玻璃制作技术。玻璃在公元前2500年前后由埃及或美索不达米亚发明，在公元前1400—前1350年的埃及遗迹中就出土了早期的眼纹玻璃珠。这项技术后来为腓尼基人掌握，地中海东岸、伊朗西部的吉兰、黑海北岸都发现过许多此类物品。中国中原地区最早的眼纹玻璃珠出现在战国初期的贵族墓葬中（图133），其玻璃成分为钠钙玻璃，显然是通过丝绸之路贸易输入的外来物品。战国中晚期，中原内地已经能够制造外观上与西亚相似、而成分又完全不同（铅钡玻璃）的玻璃珠。这种新兴的玻璃制造业很快就与中国的文化传统相融合，在今湖南地区生产出玉器和铜器的仿制品，作为装饰出现在璧、镜、剑饰、带钩、牌饰、印章等器物之上[1]。

图133　河南淅川徐家岭10号墓出土眼纹玻璃珠

中古时期西域饮用葡萄酒之风影响到中原，对丝绸之路沿线的河西走廊、吐蕃和吐谷浑地区的社会生活产生了重要影响，出现了一大批具有浓郁希腊罗马、萨珊和粟特装饰风格和图像的金银酒具，以及与饮酒、酿酒相关的图像，如葡萄纹样、采葡萄童子、酒神及其随从图像、酿酒图等（图134、135）。唐太宗征服高昌后，学会了酿制葡萄酒工艺，并在中原传播开来，这是中原地区开始酿造葡萄酒的开端。这一时期唐朝还专门派使臣王玄策经唐蕃古道自印

---

① 高至喜：《论我国春秋战国的玻璃器及有关问题》，《文物》1985年第12期。

图134　甘肃靖远出土东罗马酒神图鎏金银盘　图135　陕西咸阳北周豆卢恩家族墓出土装饰酒神图像的驮囊

度学会了熬糖法，丰富了中原人的饮食。

5. 殊方异物

欧亚草原地区是连接中国与西亚、欧洲的纽带，通过这一区域欧亚大陆两端实现互通有无、共享最新技术和文明成果，在典型器物、工艺技术、造型和图像艺术上可以观察到彼此之间的密切关系。

中华文明的核心区域对于异域物产和技术的引入和吸纳至少开始于青铜时代。在欧亚草原北部的森林地带，塞伊玛-图尔宾诺式铜器、青铜器逐步扩散，这是当时欧亚草原上创造出来的最先进的武器和工具组合，包括倒钩铜矛、有銎斧、环首刀等。它们先从贝加尔湖沿岸传播到蒙古高原中部，然后再南下传播到石峁和陶寺，进而对二里头文化施加了影响，这一过程为探讨青铜冶金术的起源和远距离交流提供了重要启示（图136、137）[①]。

---

① 林梅村：《塞伊玛-图尔宾诺文化与史前丝绸之路》，《文物》2015年第10期。

图136　乌拉尔地区罗斯托夫卡墓地出土塞伊玛-图尔宾诺式倒钩铜矛

图137　陕西历史博物馆与宝鸡青铜器博物馆藏塞伊玛-图尔宾诺式青铜器

早在西周时期，为适应骑马游牧生活的需要，裤子在游牧地带被发明出来。新疆洋海墓地出土了距今约3000年的两条羊毛裤子，各由三块独立的织片缀成①。距今2800年后，裤子在新疆地区开始流行，且末扎滚鲁克墓地发现距今2800—2500年的满裆裤子50件，其制作工艺已相当成熟。在距今2700年的三门峡虢国国君墓中，出土两件套穿在一起的合裆麻裤。至战国时期，穿裤习俗开始在中原地区逐渐流行，以应对与骑马民族的战争，即文献所记载的赵武灵王"胡服骑射"，这开启了中原人士穿裤子传统的先河（图138）。

图138　陕西咸阳塔儿坡秦墓出土骑马俑

---

①　黎珂、王睦、李肖等：《裤子、骑马与游牧——新疆吐鲁番洋海墓地出土有裆裤子研究》，《西域研究》2015年第2期。

春秋战国时期，由于游牧经济的普及，欧亚草原地区的交流更为频繁，文化面貌上逐渐趋同，形成以铜镞、兵器、马具、动物风格艺术为主要特征的草原游牧文化，其中带有独特风格的"斯基泰-西伯利亚动物纹"最具标志性。这类图像和造型艺术在春秋晚期和战国时期为中国北方动物纹造型艺术所吸收，表现出某些题材的重复和模仿。战国时期匈奴部落联盟崛起以后，更是加强了对斯基泰艺术的借鉴。

西汉时期官方主导的陆地丝绸之路开通，长距离的贸易和人员往来在这一时期呈爆发式增长，中原地区从西域诸国输入大量物产。班固在《汉书·西域传》中记载："孝武之世，……天下殷富，财力有余，士马强盛。故能睹犀布、玳瑁则建珠崖七郡，感枸酱、竹杖则开牂柯、越巂，闻天马、蒲陶则通大宛、安息。自是之后，明珠、文甲、通犀、翠羽之珍盈于后宫，蒲梢、龙文、鱼目、汗血之马充于黄门，巨象、师子、猛犬、大雀之群食于外囿。殊方异物，四面而至。"[1]除此约略所列之外，从西域引入的还有大量犀牛、封牛（瘤牛）、沐猴、桃拔（符拔）、驴、骡、骆驼、毛织品、石榴、苜蓿、香料、各类宝石和半宝石等多种牲畜物产。海上丝绸之路在秦汉时期也已开通，自广东徐闻、广西合浦往南海通向印度和斯里兰卡，中国从此处可购得珍珠、璧琉璃、奇石异物等。南越王墓中发现了多件舶来品或带有异域色彩的器物，其中有波斯风格银盒（图139），异域特色的金花泡、乳香、非洲象牙、蚀花石髓珠等，即是这一时期海上贸易勃兴的例证[2]。

---

① （汉）班固：《汉书·西域传》，中华书局，1962年，第3928页。
② 广州市文物管理委员会、中国社会科学院考古研究所、广东省博物馆：《西汉南越王墓》，文物出版社，1991年。

北魏、南朝与中亚和西亚地区的交往在这一时期不仅没有中断，反而由于要争夺"华夏之正朔"的政治认同和重要的战略资源而得到扩展和加强。北魏发迹于草原，统一了中国北方，草原丝绸之路和沙漠绿洲丝绸之路兼而有之；南朝则大力

图139　广东广州南越王墓出土波斯银盒

拓展海上丝绸之路，同时利用长江水路，打通吐谷浑之河南道、青海道，独辟蹊径，交通西域诸国。《洛阳伽蓝记》记载："（河间王元）琛常会宗室，陈诸宝器。金瓶银瓮百余口，瓯檠盘盒称是。自余酒器，有水晶钵、玛瑙琉璃碗、赤玉卮数十枚。作工奇妙，中土所无，皆从西域而来。"①在北魏旧都平城（今山西大同），考古发掘出土有大量具有浓厚的粟特、萨珊波斯以及东罗马风格的器物，如狩猎纹鎏金银盘、酒神出行金盘、铜高足杯、刻花银碗、八曲银长杯等。宁夏固原北周李贤夫妇墓出土鎏金刻花银壶上装饰有古希腊特洛伊战争的情节——帕里斯的审判场景（图140）。该墓还出土有凸钉纹玻璃碗、青金石戒指、东罗马金币等来自中亚和西亚的舶来品②。这一时期的玻璃制品主要来自罗马、伊朗、叙利亚、印度和埃及等地。辽宁北票北燕冯素弗墓出土有鸭形注、碗、杯、钵和残器

① （北魏）杨衒之撰，周祖谟校释：《洛阳伽蓝记校释》，中华书局，1963年，第150页。

② 宁夏回族自治区博物馆、宁夏固原博物馆：《宁夏固原北周李贤夫妇墓发掘简报》，《文物》1985年第11期。

图 140　宁夏固原北周李贤墓出土鎏金银壶

座等玻璃器（图141），据推测应是从罗马帝国输入的。西亚的玻璃制造法这时也传入中国，出现一些本地仿制的玻璃器，从原料到色彩、造型都具有北魏特色，尤其是其中的蓝色玻璃器，被称为"北魏蓝"。丝路贸易繁盛，沿线发现有大量萨珊波斯银币和东罗马金币[1]，见于新疆、甘肃、青海、内蒙古、陕西、宁夏、山西、河南、湖北、河北、广东等省（区）。中原地区也向边疆地区和丝路沿线国家输出大量珍稀商品，包括丝绸、漆器等。部分装饰奢华的丝绸是专门由中原官服作坊织造、赐予地方藩属

王侯的标志性物品，是中央政府维持贡纳体系的信物，例如新疆吐鲁番阿斯塔那159号墓出土"胡王"联珠纹织锦、沮渠封戴墓出土禽兽纹锦，新疆尉犁营盘墓地出土"王侯"文佉卢文织锦，以及西

图 141　辽宁北票北燕冯素弗墓出土鸭形玻璃注

---

① 钱伯泉：《南北朝时期流行于中国的东罗马金币和萨珊银币》，《新疆钱币》（中国钱币学会丝绸之路货币研讨会专刊）2004年第3期。

图142　西藏阿里故如甲木墓地出土"王侯"文鸟兽纹锦

藏阿里出土的"王侯"文鸟兽纹锦等（图142）。

　　5—8世纪，中原政权上层统治集团盛行使用金银器皿的风气，应是受到中亚、西亚的影响。7世纪中期以后，中国金银器工艺逐渐发展，但一直到8世纪，窖藏和墓葬中出土的中国自制的金银器皿，还是很明显地受到中亚、西亚金银器的影响，如西安何家村窖藏中的高足银杯、八棱带柄鎏金银杯、多瓣银盘等①。这些萨珊式金银器装饰图像内容都指向萨珊帝国东部地区的手工作坊。萨珊式金银器的装饰风格对唐代瓷器的造型和装饰也产生了影响，这一趋势一直持续到安史之乱时期，之后随着陆地丝绸之路衰落，中亚和西亚的影响才逐渐减弱，唐朝开始流行传统的碗、盘、盒之类的日常器物，不再直接引入或仿造萨珊式器物（图143）。

---

　　①　宿白：《魏晋南北朝唐宋考古文稿辑丛》，文物出版社，2011年。

图143　青海乌兰泉沟墓地出土吐蕃时期鎏金王冠和金杯

　　魏晋时期，随着汉锦的西传，中原内地传统技术生产的平纹经锦（由经线显花），被西北地区的纺织工匠吸收和仿制，同时又受到中亚纬锦的工艺影响，便生产出了平纹纬锦（由纬线显花）。魏晋时期纬锦的出现是纺织史上的重要里程碑，后来逐渐成为织锦的主流。

　　隋唐时期丝织业的发展达到一个顶峰。西北地区从中亚和西亚大量输入"波斯锦"和"粟特锦"（图144），同时兴起了仿制西域织锦织法和图案的热潮。隋代织锦开始出现波斯锦的织法，即采用

图144　青海都兰吐蕃时期墓葬出土中亚、西亚织锦

纬线显花、夹经常用双线的织法，不像汉锦的经线显花、夹纬用单线。这种斜纹纬锦在7世纪中叶到8世纪中叶成为中国西部地区，尤其是高昌、吐蕃地区最为流行的织物。中亚、西亚的织锦纹样，多以联珠纹分隔为各种花纹单元，花纹题材多见猪头、立鸟、大鹿、对禽、对兽、狩猎等，这些新颖的波斯锦深得唐人的喜爱。唐太宗时期，益州窦师纶组织设计了许多锦、绫新花样，如著名的雉、斗羊、翔凤、游麟等，不但在中原地区流行，也深受西北地区和西域诸国欢迎，被称为"陵阳公样"①。在青海吐蕃时期墓葬、吐鲁番唐代墓葬中，还出土有大量此类唐朝仿制的织物，日本传世品中也保存下来不少，是初唐和盛唐时期纺织品行业东西方交融的典型例证（图145）。

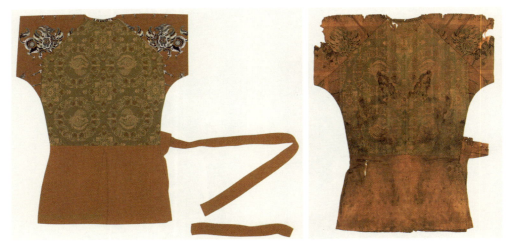

图145 甘肃天祝慕容智墓出土团窠凤鸟纹锦半臂

隋唐时期的玻璃器虽然国产技术略有提升，但仍以西亚进口为主，经陆路和海路输入，进口玻璃器多为萨珊风格与伊斯兰风格。长安周围出土大量隋唐时期的玻璃器，包括盘、瓶、盒、杯、碗、供果和蛋形器等，其中最具代表性的有王世良夫妇墓、李静训墓、窦诞墓、何家村窖藏、庆山寺地宫、法门寺地宫等墓葬和遗址出土的玻璃器。

唐代安史之乱后，唐朝经济重心南移，海上丝绸之路兴盛，一

---

① （唐）张彦远：《历代名画记》卷10，人民美术出版社，1963年，第192—193页。

时广州、泉州、明州（宁波）等海港外国商船云集，大量的丝绸、瓷器远销海外，易以诸国的砂金、黄铜、人参、药材、香料、珠宝、象牙、犀角等珍品，再转销各地。印度尼西亚海域发现的黑石号沉船出水三件青花瓷盘，是迄今首次发现的中国最早、最完整的青花瓷器，不但实证了青花瓷起源于晚唐时期，同时瓷盘上的棕榈叶图案也暗示这一外销瓷在制作过程中有购买者参与设计、并专门定制的可能（图146）。这类影响后世千余年之久的中国瓷器种类的创制，最初竟然是为了满足西亚市场的需求，反映的是西亚地区的审美[①]。

图146　"黑石号"沉船出水唐代青花藻纹瓷盘

　　宋元时期海上丝绸之路的繁荣，使得南方成为外销物品的集散地，也成为外来人群和外来物品的汇聚地。宋瓷经由海上货船转运，遍布整个亚洲和非洲东部沿海，甚至进入了地中海和欧洲，以更加开放的姿态与世界连接。广州发展成为最大的瓷器输出港，宋代著名的越窑、龙泉窑、景德镇窑、耀州窑和磁州窑都通过这

---

① 齐东方：《"黑石号"沉船出水器物杂考》，《故宫博物院院刊》2017年第3期。

里运送到东南亚、印度、西亚和东非地区。泉州在五代时便出口陶瓷，泉州附近各县外销瓷窑尤其集中。不同文化、风俗之间相互融通共存，泉州出土的一些混合着多种文化因素的墓葬石刻就是明证。元代瓷器更通过霍尔木兹、黎凡特和埃及、摩洛哥进入欧洲，成为流行于亚非欧三大洲，与陶器、铜器和玻璃器并行的日常生活用品。元青花瓷成为享誉中亚和西亚的最著名的中国产品，它的烧造大多采用从西亚进口的钴料"苏麻离青"，纹饰繁复，形制巨大，同时也刺激了国内对此类瓷器的使用和流行。

二、包容性的内在特质

一般来讲，包容性是指不同的文化之间彼此联系、渗透、互补和共生的属性。中华文明具有突出的包容性，其本质是具有与其他族群和文化能够高度相融、和谐共处的特性，通过一定阶段的互动交流，最终形成你中有我、我中有你的融合状态。纵观中华文明的发展历程，其突出的包容性主要有两方面的内涵。

1. 统一体系下的多元性

中华文明的核心区对周邻边疆地区不同族群、异质文化的吸收和融合，最终构成中华文明内部不可分割的重要组成部分。包容性这一方面的本质和内涵在一定程度上等同于中华文明和中华民族的"多元一体格局"，重点体现于中华文明萌生阶段和发展初期，但也贯穿于整个发展过程的始末。

中华文明的核心区属于典型的农耕文明，在农耕文明的内部，由于气候环境的差异，以及资源和人群分布的复杂性和不平衡性，各地区的经济和文化发展也呈现出多元性和不平衡性。在资源和空间足够充足的时候，各个文化区系之间相对较为独立、并行发展，而当族群规模和活动区域发展到一定程度，彼此之间势必产生接触、碰撞和交错，其中获得相对发展优势的区域向外扩张以获取更多的宝贵资源，不断吸纳周邻族群和领地加入，随着规模的扩大和内在机制日趋复杂，率先进入了文明阶段，逐步发展为"古国"、"方国"和"帝国"，这是文明演进中包容性产生和不断扩充的客观过程。这些文明核心区从周邻区域逐步吸纳和融合的内容，构成了大一统的中华文明内部多元文化的基本要素。

自青铜时代以后，在农耕文明的外部，不断受到周邻游牧人群的冲击和影响。此后数千年的发展历史，可以说是北方游牧文明与中原农耕文明不断交流和融合的历史，其总体上的大趋势，是中华文明核心区不断吸纳融合游牧文明，疆域扩大，族群扩充，文化面貌上也趋于一致。两者之间的交流主要表现为两种形式：其一是和平时期的文化交流，包括遣使通婚、商贸往来、族群迁徙等，形成两种不同类型文明之间的密切合作、互通有无和优势互补；其二是战争，刺激了新技术的发明和传播，加速了人群的移动。游牧民族是欧亚大陆文化传播的重要媒介，为中华文明的核心区带来新的技术和文化因素。中国北方游牧民族在不同时期通过南迁、内附，由游牧转向农耕和定居，充分吸收中原地区文化，融入了中华民族共同体，最终形成了多民族国家多元一体的格局。

2. 文明共享的命运共同体

中华文明对于中国境外的其他国家和地区的异质文化和人群的吸收和融合，对中华文明的发展进程以及呈现的面貌形态产生了重要的影响。包容性的这一方面重点体现在秦汉大一统帝国形成、陆地丝绸之路开通以后。

欧亚大陆不同地域的文明之间存在发展程度上的差异性、各自地域的独特性和产业分工上的互补性，这使得长距离的资源和物产的流通交换成为必然，当然也包括商业、宗教和军政人群的迁徙移动。在交通相对隔断、各大文明的影响力相对较弱的阶段，这种文化联系是断续的、间接的、零星的，缺乏人群长距离的直接往来，从考古材料上不容易被观察到。但当交通发展到一定程度，各大文明间的屏障被凿通，直接的长程贸易便成为可能，各大文明之间逐渐形成了广泛分布的交流网络，将各自创造的灿烂文明成果输送到对方，同时也实现了人群的直接移动。青铜时代和早期铁器时代的草原丝绸之路、汉唐时期的陆地丝绸之路、宋元明清时期的海上丝绸之路，甚至包括西南丝绸之路和高原丝绸之路，都是不同文明之间克服了种种险峻地形和环境障碍，将更大范围内的人群和社会建立起连接，实现了文明成果的共享，促进了人类命运共同体构架的初步成型。

中华文明向来推崇以和为贵、睦邻友好，在丝绸之路开通之后，更以开放的姿态，与周边国家和地区遣使、通商。通过丝绸之路交通网络，中国向西方大量输出陶瓷、丝绸、茶叶、漆器等商品，而中亚、西亚、欧洲的商胡、物产、僧侣、宗教、艺术等，也源源不断地进入并影响到东方，丰富了东方人的精神世界和物质文化生活。中华文明所具有的和平性和充分的文化自信是达成这一成就的基石。中华文明历史上对外输出的主要是奢侈和稀缺商品，较少有移民群体、宗教信仰、语言文字和思想艺术等，但在秦汉大一统国家形成以后，从周邻国家和地区大量输入和接纳了这些内容。这方面与中华文明其他文明有着很大不同，是突出包容性的有力实证。

三、包容性的形成原因

文明是在交流与碰撞中产生的，这是四大文明都产生于欧亚大陆的原因。交流与碰撞的代名词就是文化本身所具有的包容性。一般来讲，各个文化都存在不同程度的包容性，因为社会性的人类群体是相互影响和相互借鉴的，在此过程中才能取得进步和发展。而中华文明的包容性尤其突出，这不但与其独特的地理位置和自然环境有关，同时也与中华文明自身形成的一些属性密不可分。

1. 自然环境与地理位置特性

中国地域辽阔，地形复杂，江河众多，自西向东三级落差明显，自北向南有荒漠、草原、高原，以及平原、山地、丘陵等。复杂的地理环境决定了不同区域具有不同的生态和自然资源，因此发展出草原和高原畜牧业、绿洲农业、旱田农业、水田农业和河谷农业等不同的生业模式和经济形态。这决定了史前时期文化的多样性和复杂性，以及不同区域发展的不平衡性。中原地区土地肥沃、自然资源丰富，使得它的发展速度较快，同时由于居于中心位置，易于吸收来自四面八方文化的影响，具备先期进入文明阶段的客观条件。以中原为中心形成的华夏族，同周围许多民族、部族或部落保持着不同程度的关系，奠定了以汉族为主体的、统一的多民族国家的基石，产生了强大的凝聚力，使得中华文明的规模越来越大，内涵也越来越复杂。

中华文明所处的地理位置，决定了它必然是最具包容性的文明之一。中国地处欧亚大陆的最东端，北方和西北方是平坦的沙漠和草原，西南边是高及天际的高山与高原，东边和南边面对大海，整体看来如同一个开口向北方的"口袋"。从旧石器时代起，一直到中华文明发展的巅峰阶段，处于"口袋"中心的中华文明核心区域，都持续地接受来自北方草原地带和西北方沙漠地带文化的影响。又因为东部和南部的海洋、西南部高山高原的屏障作用，这些输入的文化影响得以在"口袋"内部沉淀和吸收。随着文明的发展，又在西北方的沙漠和东南方的海上分别打通了两条丝绸之路，形成发达的贸易和互换网络，异域文化因素能更大量地被中原文化吸收和融合。这种处于欧亚大陆终端、既有开放的通道又有阻隔壁垒的地理特性，使得中华文明既能大量吸收欧亚大陆其他文明的卓越成果，又能固守本土的优秀文化传统，成为一个多元文化的大熔炉。

2. 农耕地区的核心优势

中华文明是以农耕为主、畜牧业为辅的古老文明。中华文明自新石器时代起，即以农耕文化为支撑，以中原地区为基点向周边扩展，如同滚雪球一般越滚越大，逐渐发展成为规模庞大、疆域开阔、族群众多的文化综合体，这一过程使它具备越来越强大的凝聚力，不容易被替代和解体。就如同宇宙中之星球，体量愈大，吸引力便愈强，外来较小天体只会被吸引和融化，而不会对其自身产生本质的影响。

中国古代边疆地区民族散居于"塞外"荒蛮之地，包括北方草原地区、西北荒漠地区，以及西南高山高原地区，气候环境较为严酷，生态环境脆弱，物资相对匮缺，抵御自然灾害的能力较弱，不同游牧部族的迁徙和征战也较频繁，政权稳定性较差，在农业、手工业、商业等方面高度依赖长城以内的农耕民族。与之相反，农耕民族则具有天然的绝对优势：气候宜人，物产富饶，人口众多，生活优渥，城市繁荣，文化昌盛，政权稳定性较强。这种因自然地理环境差异而产生的经济和文化落差，在整个历史时期未曾有缩减的趋势。这构成了北方游牧民族不断南迁融入农耕民族的主要原因之一。

3. 天下大同与华夷一体的方略

中国传统文化中"天下大同""四海一家""协和万邦"等观念，是历代统一政权给予异族文化最大包容度的一个重要原因。秦汉以后，实现大一统国家的治理方式，是历代统治者追求的治理目标，他们在处理农耕族群与游牧族群之间的关系时，积极践行"大一统"思想，将夷、夏作为一个整体来对待，将其同等地视为是"天下"的构成部分，积极推动二者的一体化。

中国古代历任统治者都主张与周邻异族建立友好关系，"治安中国，绥之以德"，通过对内治理，保持中原王朝的安定和强大。在对外策略上一方面对异族进行"招附殊俗""因俗而治"，另一方面以文德感化外邦四夷，通过怀柔和开明的政策赢得他们的服从和拥护，通过和亲联姻、遣使会盟、册封朝贡、羁縻互市等具体措施和制度来加强联系，注重平等、互惠、互利的原则，反对诉诸武力，实现和平共处，最终达成华夷一体的治理格局。

4. 仁爱宽容与以和为贵的民族性格

中华民族有其自身的民族性格，即勤劳善良、勇敢谦和、以和为贵、以仁为本。因此中华文明能够接纳并弘扬以慈悲宽容、普度众生为宗旨的佛教，同时对其他外来宗教也秉持宽容和支持的态度，最终形成儒释道三教合一、和谐共存的状态。中华民族的这一民族性格，决定了其在对外交往中胸襟开阔、以德怀远、崇尚四方来仪，以遣使通好和商品交换的方式来共享文明成果，而不是进行无端的军事征服和强势输出自身的文化和影响。

此外，高度发展的灿烂文明，赋予了中华民族充分的文化自信，能够从容应对外来文化的冲击和影响。这些民族性格和特质，也使得中华文明无论处于任何朝代和发展阶段，都会保持其突出的包容性。

四、小结

中华文明具有突出的包容性，这是其长盛不衰、持久繁荣的主要原因之一。只有对于不同民族、宗教、生业形态的融合和吸纳，形成复合的族群、宗教和生业形态版图，中华文明才能抵抗各种自然和社会的危机和挑战，才能够保持文化连续性，并具有持久的生命力。而中华文明的持久繁荣也是能够保持这种包容性的有力保障，是具有强大的向心力、凝聚力和文化自信的具体体现，两者是互为因果的。

中华文明具有突出的包容性，启示我们当下务必要坚持改革开放，充分吸纳外来文化，但又不全盘西化的"取精用宏"的发展战略。从史前时期到历史时期的考古例证告诉我们，只有保持对外部世界的开放和合作，与其他文明交流互鉴，才能充分吸收其他文明的灿烂成果，使其为中华文明的发展服务。而封闭的对外交流，消极的对外合作，一定会成为中华文明发展的桎梏。

中华文明所具有的突出的包容性，启示我们在现代社会更需要保持开放和包容的精神，加强与各国人民的交流和合作，尊重不同国家和地区的发展模式，对于不同文明要求同存异，和平共处，在国际交往中坚守互不干涉内政的准则，保持国内和国际文化的多元性。

中华文明所具有的突出的包容性，启示我们一定要大力发展科技、经济和文化，保持文明发展的绝对优势，这样才能形成坚不可摧的文明体系，才能继续焕发其持久的生命力。

和合以平　互鉴共生

——中华文明的和平性

中华文明具有突出的和平性。和平、和睦、和谐是中华文明五千多年来一直传承的理念，主张以道德秩序构造一个群己合一的世界，在人己关系中以他人为重。倡导交通成和，反对隔绝闭塞；倡导共生并进，反对强人从己；倡导保合太和，反对丛林法则。中华文明的和平性，从根本上决定了中国始终是世界和平的建设者、全球发展的贡献者、国际秩序的维护者，决定了中国不断追求文明交流互鉴而不搞文化霸权，决定了中国不会把自己的价值观念与政治体制强加于人，决定了中国坚持合作、不搞对抗，决不搞"党同伐异"的小圈子。

（摘自习近平《在文化传承发展座谈会上的讲话（2023年6月2日）》,《求是》2023年第17期）

深刻把握中华文明和平性的思想渊源，深入总结中国和平发展道路的发展历程和历史必然，全面阐释和平外交的国际担当与当代意义，不仅有助于准确认识中华文明的突出特性和时代价值，而且对于推动中华优秀传统文化创造性转化、创新性发展，更有力地推进中国特色社会主义文化建设，建设中华民族现代文明具有重要意义。

一、和平性的考古学实证

百年中国考古学实践与研究表明，中华文明是一个经历了起源、形成以及连续发展的独特文明，有着较为明显的文明化过程，并且和平意识由来已久。从距今8000多年开始的多数时间里，在中国的大部分地区目前尚未发现坚固的城堡，常见的环壕聚落军事防御功能有限；到距今五六千年前长江中下游地区的古城，如石家河、良渚等，所堆筑的城垣宽而低矮，其功能应主要是用于防治水患而非用于军事防御①。中华文明在其文明发展历程中逐渐形成了突出的和平性。

1. 和平性的萌生

今天中国地域范围内，史前时期每一个地理单元或地区，如燕辽地区、海岱地区、长江中游、长江下游、中原地区等都有着各自区域内的考古学文化序列，甚至区域文化各有特色，有着相对独立的发展过程。这些不同区域内的文化或连续，或间隔，或中断地演

---

① 韩建业：《先秦考古实证中华文明突出特性》，《历史研究》2023年第5期。

进变化；同时，各文化之间存在互动交流。对于某一种考古学文化而言，文化互动的结果直接表现为周边诸考古学文化先进因素不断汇聚，所谓海纳百川，和平融合。

以陶寺遗址为代表的陶寺文明是中华早期文明的重要组成部分，是提炼展示中华文明精神标识和文化精髓的众多文化遗产中的典型遗址之一，也可以说是中华文明形成过程中内涵特质的聚焦点。在陶寺遗址发现了属于陶寺文化中期的大墓M22[①]，墓室四周共发现11个壁龛，用于放置随葬品（图147）。随葬品丰富，棺内残留46件，扰坑出土20件，墓室未扰动部分出土72件（套）。M22墓室东壁中央显著位置立有一具完整的公猪下颌骨，其最突出的特点就

图147 山西襄汾陶寺遗址大型墓葬M22

---

① 中国社会科学院考古研究所山西队、山西省考古研究所、临汾市文物局：《陶寺城址发现陶寺文化中期墓葬》，《考古》2003年第9期。

是粗壮的獠牙，即《周易·大畜》所言之"豮豕之牙"。

　　《周易·大畜》曰："豮豕之牙，吉。"而马王堆出土帛书《昭力》云："又问'豮豕之牙'，何胃（谓）也？子曰：古之侍强者也，假强以侍难也。上正（政）卫兵而弗用，次正（政）用兵而弗先也，下正（政）盛兵而后威。……上正（政）陲衣常（裳）以平远人，次正（政）橐弓矢以伏天下。《易》曰：'豮豕之牙，吉'。夫豕之牙，成（盛）而不用者也，又笑而后见。言国修兵不单（战）而威之胃（谓）也。"①

　　以该下颌骨为中心，两侧对称各排列放置3件彩漆柄玉石兵器（图148）。"豮豕之牙"及围绕它布置的玉石兵器共同表达的恰是"其豕之牙，成（盛）而不用者也"，体现的是墓主卫兵弗用、修兵弗战的和善意识②。

　　"豮豕之牙，吉。"而"吉"字本意由卜辞的字形看，就是指戈、戚类玉兵器盛置于盒中不用③。值得注意的是，M22南1龛出土的2件玉戚就是放置在漆木盒中，这种随葬品的放置方法在史前时期的其他墓葬中罕见，似乎正是表达"盛而不用"之意。M22中这些迹象表明了墓主以和为主，崇尚"文"德的思想与力求和平的理念。

　　陶寺文化遗址主要分布于汾河下游及其支流浍河、滏河流域，

---

① 廖名春：《帛书〈昭力〉释文》，《国际易学研究（第一辑）》，华夏出版社，1995年，第38—39页。

② 罗明：《陶寺中期大墓M22随葬公猪下颌意义浅析》，《中国文物报》2004年6月4日第7版。

③ 于省吾：《甲骨文字诂林》，中华书局，1996年，第710—712页。

图148　山西襄汾陶寺遗址M22出土獠豕之牙及玉石钺

这一区域北依霍山，南为峨嵋岭，西围以吕梁山及黄河，包括临汾、襄汾、翼城、曲沃、侯马、新绛、稷山、河津、绛县等县市。近些年，晋南地区峨嵋岭以南的运城盆地东北部靠近临汾盆地一带，主要是绛县、闻喜、夏县也发现具有陶寺文化特征的器物，夏县应该是典型陶寺文化分布的南边缘。临汾盆地以北的晋中地区不是陶寺文化的分布区，虽含有一些陶寺文化的因素，但应是陶寺文化影响至此的表现。这样陶寺文化的分布范围主要集中于临汾盆地，其南部边缘进入运城盆地东北部一隅，就整体而言，分布范围还是比较小的，没有十分明显的文化强势扩张之态。

　　一般而言，考古学文化表示是一定时间、一定地域具有鲜明特征的文化共同体，文化共同体实际上是人群共同体的反映，代表的是古人族群的存在。考古学文化的扩张与传播很大程度上反映的是这一族群所创造文化的扩张与传播，甚至是族群本身的扩张，陶寺文化的族群社会扩张性不明显。

同时，陶寺文化却又是一支内涵比较丰富的考古学文化，尤其在陶寺文化中期表现得最为明显。这一时期，在陶寺遗址发现了一座面积为280万平方米的大城[①]。修建这样一座大城需要组织、调动、控制大量的人口或劳动力，因而也说明陶寺社会组织控制了相当多数量的人口。如此，陶寺文化的实力可窥一斑。2013—2017年，经过5年持续不断的考古发掘，又发现了面积近13万平方米的规模宏大的宫城，以及形制特殊、结构复杂、防御色彩浓厚、史前罕见的城门址[②]，这是目前考古发现的中国最早的宫城，并使陶寺"城郭之制"完备，成为中国古代重要都城制度内涵的城郭之制的源头，对后世产生深远影响。此外，这些数量众多而等级分化明显的墓葬、地位凸显的宫城及宫殿区、具有观象授时功能的大型建筑ⅡFJT1、标志身份的礼器群等，都表明陶寺文化的社会组织和结构应已经比较完备和成熟，具有较高程度的政治文明[③]（图149）。

可见，以陶寺遗址为典型代表的这一史前时期繁盛的考古学文化，具有较强的实力和较为先进的政治文明形态。无论是微观上的属于陶寺文化繁盛期的王级大墓，还是宏观上的整个文化分布无明显扩张性的特点，都反映出其文化与社会蕴涵着更多更明显的强而

---

① 梁星彭、严志斌：《山西襄汾陶寺文化城址》，《2001中国重要考古发现》，文物出版社，2002年。

② 王学涛：《山西陶寺遗址考古发现早期宫城》，《中国文物报》2017年6月27日第1版。

③ 高江涛：《陶寺遗址聚落形态的初步考察》，《中原文物》2007年第3期。

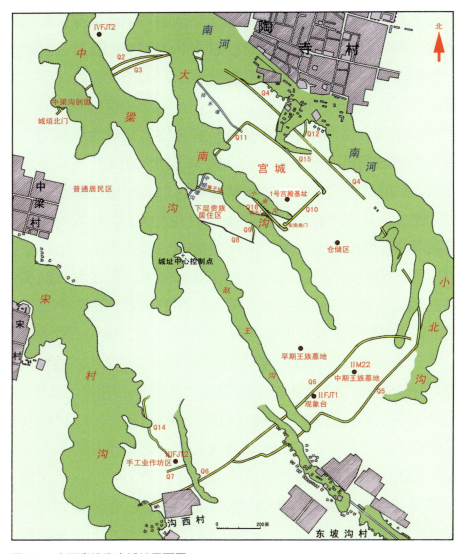

图149　山西襄汾陶寺城址平面图

不战、盛而不扩、卫兵弗用的意味，体现出强调和善、以和为主，崇尚"文"德的思想意识；同时又表现出汇聚融合四方文化因素与精华的"合"现象，整体呈现"和合"思想。史前时期的考古研究表明，大凡都邑性的遗址，如良渚、石峁等都有着一定的融合本区域先行文化和同时期周边其他区域文化先进因素的特点。和合思想是中华文明和平性的最初的集中展现。

2. 和平思想持续发展

中华文明进入夏商周王朝阶段以后，逐渐形成跨区域与广域王权的文明中心或核心文明，文明中心的出现会使文化与社会由"多元"逐渐走向"一体"。在这一过程中，尚和合、重礼制是中华文明持续发展的理念与思想。

一般认为属于夏代中晚期的二里头文化成为中华文明总进程的核心与引领[①]。二里头文化除了继承中原地区仰韶和龙山时代的传统基因外，还从周边龙山时代诸文化中吸收更多元素，形成内涵丰富、吸附力强和独具张力的二里头文明。二里头文化虽然存在明显的文化扩张和传播，但这种文化外播似乎是以"礼制"为主要内涵，所谓的礼序人伦、乐移风俗，采用的是非武力主题的以礼化人的方式。

二里头文化出土的青铜器、漆器、玉器、陶器共同组成礼器群，构成二里头文化礼器制度的重要特征[②]，器以载礼，这些具有礼制内涵的礼器随着文化的互动交流而传播至周边。二里头文化时期镶嵌绿松石的青铜牌饰最早出现于二里头文化二期，关于其起源和传布已有学者进行专门研究[③]。二里头遗址出土的8件铜牌饰就是

[①] 赵海涛、许宏：《中华文明总进程的核心与引领者：二里头文化的历史位置》，《南方文物》2019年第2期。

[②] 中国社会科学院考古研究所：《中国考古学·夏商卷》，中国社会科学出版社，2003年。

[③] 陈小三：《试论镶嵌绿松石牌饰的起源》，《考古与文物》2013年第5期；陈国梁：《二里头文化嵌绿松石牌饰的来源》，《三代考古（七）》，科学出版社，2017年；王青：《试论镶嵌铜牌饰的起源和传布——从日照两城镇遗址的新发现说起》，《三代考古（八）》，科学出版社，2019年。

金玉结合、东西融汇的新产物，其寓意内涵更是融合了来自东方海岱、良渚和晋南的因素，同时又继承了本地稍早的新砦文化因素，并在此基础上结合多种动物组合创新设计而成。同时，这些铜牌饰又将二里头这种国家礼制文化传播出去，在北方的夏家店、四川的三星堆、甘青的齐家文化中都出现了既有二里头特征又有当地文化印记的特殊牌饰（图150）。

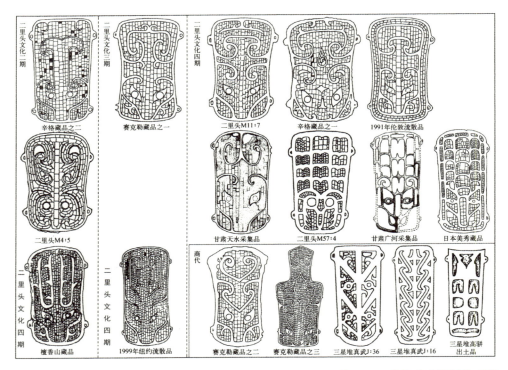

图150　镶嵌铜牌饰（据《试论镶嵌铜牌饰的起源和传布——从日照两城镇遗址的新发现说起》一文改制）

　　二里头文化出土的壶形盉或象鼻盉显然是一种陶礼器（图151），从年代与形制演变看，壶形盉应是源于江汉平原，经丹江、淅水中转进入中原腹地，经二里头文化改造，赋能礼器功用，再随

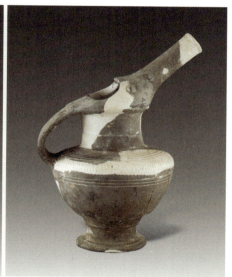

图151　河南偃师二里头遗址出土象鼻盉

着文化的扩张向西传入甘肃东部，向东南传至浙南、闽北[①]。牙璋是二里头文化玉礼器的典型代表，其外播路线明显，经过南阳盆地到达汉水流域，进入长江水系，再向西南经四川盆地直到越南红河三角洲，或通过湖南向福建、广东，以及香港扩散[②]（图152）。

　　甲骨金文之"武"，为合体会意字，从止从戈，戈为兵器，而"止"形象为脚，应为行动之意。于省吾解释为："武从戈、从止，本义为征伐示威。征伐者必有行，止即示行也。征伐者必以武器。戈即武器也。"[③]《左传·宣公十二年》："夫文，止戈为武。""止"训为"制止"。"武"被楚庄王解释为止息干戈，崇尚和平。楚庄王获

　　① 　庞小霞、高江涛：《先秦时期封顶壶形盉初步研究》，《考古》2012年第9期。

　　② 　邓聪：《牙璋与初期中国世界秩序的雏形》，《牙璋与国家起源：牙璋图录及论集》，科学出版社，2018年。

　　③ 　于省吾：《甲骨文字诂林》，中华书局，1999年，第867页。

图152　玉牙璋分布示意图［审图号：GS（2018）5742号］

胜后，罢兵回国，而未继续对晋国用兵反映了楚庄王尚和平的思想实践。

　　"和"在甲骨文和金文中都已出现，或即"龢"字①，"龢"从"龠""禾"声。卜辞中见有多例"龠"字，如"戊戌卜，王贞，王其宾中丁肜龠亡蚩"（合集22855）等（图153）。《说文·口部》："和，相应也。从口，禾声。"②"龠"者，"龠乐之竹管，三孔，以和众声也"③。《风俗通义》："籥，乐之器，竹管，三孔，所以和众声也。"④可

---

　　① 陈梦家：《西周铜器断代（二）》，《考古学报》1955年第2期。

　　② （汉）许慎撰，（清）段玉裁注：《说文解字注》，浙江古籍出版社，2006年，第57页。

　　③ （汉）许慎撰，（清）段玉裁注：《说文解字注》，浙江古籍出版社，2006年，第85页。

　　④ （汉）应劭撰，王利器校注：《风俗通义校注》，中华书局，1981年，第309页。

见"籥"最初是吹奏类的乐器，引申为声音和谐。添加"禾"的声旁，很可能与"禾"所指的小米类农作物不温不火的"中性"特性相关。

商周甲骨文、金文中的"龢"，本义是用乐祭祀，或有礼乐相合和谐之意；与"和（龢）"相对的"武"虽明确与军事或用兵相关，却不排除还可能更多的是来强调止息干戈的和平理念。需要提及

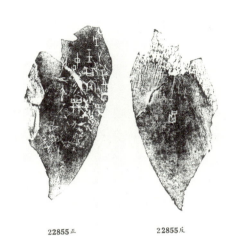

22855正　　　22855反

图153　卜辞中"龠"字（合集22855）

的是，夏商周三代考古发现数量不少的乐器，这些乐器大多为礼乐器，强调的正是"和"或"合"，礼乐之和，合礼之乐。

3. 和平理念走向世界

秦始皇完成统一的社会现实正是"天下和平"，琅琊刻石中写道"皇帝并一海内，以为郡县，天下和平"，其结果呈现是"黔首安宁，不用兵革。六亲相保，终无寇贼"[①]。董仲舒《春秋繁露·郊语》："天下和平，则灾害不生。"[②]

丝绸之路不仅是中国与其他不同国家之间的经济贸易之路，也是世界上不同国家、地区在和合理念之下的文化交流之路，更是中国与世界交往的和平之路[③]。"海上丝绸之路"是古代中国与外国交

---

① （汉）司马迁：《史记·秦始皇本纪》，中华书局，2013年，第311—312页。

② （汉）董仲舒撰，张世亮、钟肇鹏、周桂钿译注：《春秋繁露》，中华书局，2012年。

③ 刘庆柱：《黄河文化的"中华文明突出特性"阐释》，《中原文化研究》2024年第1期。

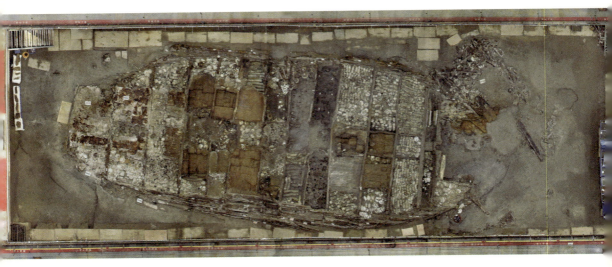

图154 广东"南海Ⅰ号"南宋沉船

往的海上通道。秦汉时期，岭南已与海外地区有了明确的海上交通和贸易往来，宋辽金元时期是中国对外海上交流的黄金时期，元代达到极盛，甚至出现了货币多元化现象。

近些年，水下考古工作取得了一系列重要成果。1996年在西沙群岛海域发现南宋时期的沉船"华光礁一号"，2007—2008年进行了水下考古工作，出水遗物万余件[1]；2007年整体打捞广东川岛海域的南宋沉船"南海Ⅰ号"，出水文物多达18万件[2]（图154）；广东汕头发现的明代晚期沉船"南澳Ⅰ号"，出水瓷器近3万件[3]。此外，上海青龙镇唐宋时期古港（图155）、浙江温州朔门宋元时期古港遗址（图156）、

① 中国国家博物馆水下考古研究中心、海南省文物保护管理办公室：《西沙水下考古1998—1999》，科学出版社，2006年。

② 国家文物局水下文化遗产保护中心、广东省文物考古研究所、中国文化遗产研究院：《南海Ⅰ号沉船考古发掘报告之二——2014—2015年发掘》，文物出版社，2018年。

③ 广东省文物考古研究所、国家文物局水下文化遗产保护中心、广东省博物馆：《广东汕头市"南澳Ⅰ号"明代沉船》，《考古》2011年第7期。

图 155　上海青浦青龙镇遗址唐代瓷片堆积

图 156　浙江温州朔门古港遗址北宋江岸及 8 号码头

福建泉州宋元明时期市舶司遗址等，都是海上丝绸之路沿线的重要考古发现，实证了海上丝绸之路的接续发展和繁盛。

1405—1430年，明代的郑和先后7次下西洋，到访印度洋和太平洋沿岸的36个地区或国家，成为15世纪中叶世界航海史上的伟大壮举，极大拓展了当时的海上经济与文化通道。其中没有暴力和掠夺，没有征服和殖民，而是与沿途各国建立起友好平等交往关系，帮助解决沿途诸国之间种种复杂矛盾，努力建立和平局势，"海道由是而清宁，番人赖之以安业"。

6—8世纪丝绸之路河南道上出土的丝织品、金银器、木棺板画及佛教石刻造像中蕴含粟特文化因素，反映了粟特人与吐蕃之间的交往和联系。据不完全统计，至今波斯萨珊银币在我国境内出土总数在2000枚左右，分布于新疆、甘肃、青海、宁夏、内蒙古、陕西、山西、河南、河北、湖北、广东及江苏等地，大致都在陆上丝绸之路沿线上[1]（图157）。这些萨珊银币的传播者主要是中亚粟特商人[2]。

图157 宁夏固原南塬墓出土萨珊银币

在这种多元的经济、文化交流互动之中，少数民族和中原王朝都得到快速发展，并且为具有强大融合能力的中国文化不断注入持续发展动力。同时，通过丝绸之路在客观上促

---

① 孙莉：《萨珊银币在中国的分布及其功能》，《考古学报》2004年第1期。
② 夏鼐：《综述中国出土的波斯萨珊朝银币》，《考古学报》1974年第1期。

进了青海、甘肃、四川等地少数民族文化的和平发展与进步。不仅如此，作为一种特殊的文化形式，域外宗教也经丝绸之路传入中国，正是因为中华文明崇尚和平的特质与理念，在历史上的各个阶段，不同宗教之间基本保持着和平相处的状态。中国成为世界上至今没有发生过大规模宗教战争的国家，并且是多宗教并存的国家。

这与西方世界"大航海时代"以掠夺、奴役、殖民、征服为主的方式形成鲜明对比。马克思生动地指出："美洲金银产地的发现，土著居民的被剿灭、被奴役和被埋葬于矿井，对东印度进行的征服和掠夺，非洲变成商业性地猎获黑人的场所——这一切标志着资本主义生产时代的曙光。"①

二、和平性的内在特质

中华文明突出的和平性根植于中华五千多年的文明积淀中，同样具有博大精深的内涵和底蕴独特的品质，爱好和平的思想和理念深深扎根在中华民族的文化基因中。中国传统文献以及经典文本中有着大量的有关"和平"思想的记载，更为重要的是，随着历史的演进和社会的发展，和平思想和理念在不同历史时期逐渐完善和丰富，不断被赋予时代的新内涵，呈现出新特质。

1. 协和仁爱的和合思想

一般认为，属于新石器末期的龙山时代与文献史籍中尧，或尧舜，或尧舜禹所处的时代大体相当。其中陶寺文化大体上属于传说

① 《马克思恩格斯全集（第四十二卷）》，人民出版社，2016年，第769页。

中以"尧舜禹"为代表的那个时代已基本为学者们所认同。

尧舜时代是和平理念与和合思想产生的重要时期，这在文献典籍和出土文字资料中有鲜明的反映。《尚书·尧典》曰："钦明文思安安，允恭克让……协和万邦，黎民于变时雍。"①记述唐尧温和恭谨，亲善九族，协和万邦的政治理念。《史记·五帝本纪》记述尧功绩言："九族既睦，便章百姓；百姓昭明，合和万国。"②直言尧之"合和"思想。战国竹简《容成氏》简13有相近说法："尧为善兴贤，而卒立之。"③《帝王世系》："有苗氏负固不服，禹请征之，舜曰'我德不厚，而行武，非道也，吾前教由未也'，乃修文教三年，执干戚而舞之，有苗请服。"④《荀子·成相》曰："干戈不用，三苗服。"⑤《韩非子·五蠹》有相同记载："乃修教三年，执干戚舞，有苗乃服。"⑥记述尧舜不用武力，以"文教"服三苗。战国竹简《子羔》言及虞舜时云：

> 子羔曰："何故以得为帝？"孔子曰："昔者而弗世也，善与善相受（授）也，故能治天下，坪（平）万邦……（简1）。"⑦（图158）

---

① 李民、王健：《尚书译注》，上海古籍出版社，2004年，第1页。

② （汉）司马迁：《史记·五帝本纪》，中华书局，1982年，第15页。

③ 马承源主编：《上海博物馆藏战国楚竹书（二）》，上海古籍出版社，2002年，第259页。

④ 徐宗元辑：《帝王世纪辑存》，中华书局，1964年，第40页。

⑤ （清）王先谦撰，沈啸寰、王星贤点校：《荀子集解》，中华书局，1988年，第463页。

⑥ （清）王先慎撰，钟哲点校：《韩非子集解》，中华书局，1998年，第445页。

⑦ 马承源主编：《上海博物馆藏战国楚竹书（二）》，上海古籍出版社，2002年，第184页。

　　可见，尧舜时代的政治理念强调的是和善、包容，这正是和合思想的重要内涵。这一时期，和合思想以和善、多元、包容、融合为内涵，这种和合思想影响深远，甚至逐渐成为中华传统文化的思想精髓。

　　《国语·郑语》："商契能和合五教，以保于百姓者也。"①史伯认为"和合"是"成天地之大功者"的原因，强调和合思想的重要性。先秦诸家也多受和合思想的广泛影响，甚至继承。我们熟知的《论语·学而》孔子云"礼之用，和为贵"，"礼"与"和"内在关系密切，将礼制的最终目标定为"和"。甚至礼制的核心就是天地人的一体，《左传·昭公二十五年》："夫礼，天之经也，地之义也，民之行也。天地之经，而民实则之。"《中庸》说："和也者，天下之达道也。致中和，天地位焉，万物育焉。"是万物孕育存在和宇宙天道运转的普遍规律。《荀子·王制》主张"和解调通"，进而"和而不同"，追求多元融合。也即《国语·郑语》史伯谓"和实生物，同则不继"。和合是多种因素的统一，即多样性的统一。《管子·幼官》："畜之以道，养之以德。畜之以道，则民和；养之以德，则民合。和合故能习，习故能偕，偕习以悉，莫之能伤也。"认为"和合"是社会和谐的根本指针，用兵之道的目的

_____

　　① 徐元浩撰，王树民、沈长云点校：《国语集解（修订本）》，中华书局，2002年，第466页。

图158　战国竹简《子羔》简1

是民"和",讲究文武之道,注重文德,并德得天下。

《老子》言"万物负阴而抱阳,冲气以为和"。阴阳相和,和生万物,"和"即是老子哲学中宇宙生成论中的关键。中国最古老的哲学经典《周易》中蕴含着丰富的"和合"思想,是中国传统文化的重要内涵和基本精神。思想核心强调的不是"阴阳"与"天人"的二元对立,而是二元的"和合"与"合一",注重的是刚柔相济和刚健中正的和谐价值。也可以进一步理解为强调不同事物彼此共存、相互交融、和而不同、循环发展,注重不同事物之间的差异性,强调矛盾中的统一。《周易》经文《兑》卦初九爻辞"和兑,吉"①。"和"本义为和顺、和悦之意,可进一步阐释为平和、和善、和顺、和悦等"亲善友好"的品性或姿态。而《周易·咸卦·象》言:"天地感而万物化生,圣人感人心而天下和平。"又言:"乾道变化,各正性命,保合太和,乃利贞。"②既提出了"天下和平"的愿景,又出现了"保合"与"太和"的会合、冲和之意,也可以说是提出了"和合"这个深刻命题③。

墨家更是倡导"兼爱非攻",崇尚和平,反对战争。"天之意,不欲大国之攻小国也,大家之乱小家也。强之劫弱,众之暴寡,诈之谋愚,贵之傲贱,此天之所不欲也。"④具有鲜明的和平主义精神。通过"兼相爱",解决强劫弱、众暴寡这样的社会危机和矛盾,"爱人者,人必从而爱之,利人者,人必从而利之"。爱人如身,爱人

---

① (魏)王弼、(晋)韩康伯注,(唐)孔颖达疏:《周易正义》,北京大学出版社,2000年,第164页。

② (宋)朱熹撰,廖名春点校:《周易本义》,广州出版社,1994年。

③ 张立文、张文旭:《道家老庄哲学"尚和合"的思想理念》,《学术界》2024年第1期。

④ 吴毓江撰,孙启治点校:《墨子校注》,中华书局,1993年。

及人，人人相爱，万民和则家国和合、天下和谐。《孙子兵法》是一部著名兵书，但其第一句话就讲："兵者，国之大事，死生之地，存亡之道，不可不察也"，其要义是慎战、不战。春秋战国时期为社会动荡、战乱频仍的历史阶段，和平显得弥足珍贵，和平理念或思想恰恰也是动乱中凝练出来的精神追求。

2. 从和合思想到人类命运共同体

中华文明蕴含着丰富的"协和万邦"和平基因，蕴含着深刻的"和而不同"的融通思想，蕴含着平等的"弘义融利"互惠理念[①]。这在中华文明的起源与形成时期就已经有了思想的萌芽和初始形态，并随着中华文明延绵不断地演进而不断丰富发展。

前文已言，尧舜时代的政治理念强调的是和善、包容、融合，具有了"和平"性的基本内涵，同时萌芽了"协和万邦"的天下观念。殷商时期，"和"与"合"仍然是单一概念，"和"具有和谐、调和、和顺、和善等意，"合"有相合、符合、会合、融合等意。

到了春秋战国时期，"和""合"才同时出现，构成了"和合"相对比较丰富的内涵，不仅涵盖了和谐、和平、融合等内涵，还包括阴阳和、人人和、天人和、天下和等不同层次、各个方面的内容，同时强调"和而不同"的多元性，更是将其作为社会和谐运转和治国执政的重要思想和核心理念。

秦汉以来，随着中华文明多元一体的文明中心和文化核心的形成，文化张力和聚合力空前发展，中华文化进一步多元融合发展。

---

① 马忠才：《中华文明的和平性：人类命运共同体理念的文化底色》，《中央民族大学学报（哲学社会科学版）》2023年第4期。

"和合"思想及和平理念也得以长足发展。董仲舒说："和者，天之正也，阴阳之平也，其气最良。物之所生也，诚择其和者，以为大得天地之泰也。"①在诸子百家对"和合"理念基本相近并大体认同的基础上，赋予其更多的思辨精神和天下统一理念，进一步拓展了"和合"思想的影响范围。至汉代明显形成了以儒家思想为基础，兼具儒、道、佛相合的新的和合思想和理念。

至宋明时期，理学兴起，其新儒学思想中也包含了创新性的和合新理念，进一步传承和发展了"和合"思想。北宋张载提出"一物两体"的辩证认识，认为事物都是包含对立和统一的矛盾体，而"两体"的相互依存成为事物发生和发展的关键，具有了和合相生、和合共生的深入认识。明代王阳明将和合思想倾注于人心品德，强调"知行合一"的价值思维，同时强调"实事求是"的理论与实践的高度统一。

习近平总书记在《之江新语》一书中，曾对"和合"的概念予以剖析，指出"'和'指的是和谐、和平、中和等，'合'指的是汇合、融合、联合等"②。之后他又逐步深化了对中华优秀传统文化的认识，与时俱进地将中华传统"和合"思想概括为"四观"，即天人合一的宇宙观、协和万邦的国际观、和而不同的社会观和人心和善的道德观③，从而赋予底蕴深厚传承几千年的"和合"思想新时代的丰富内涵和更鲜明的价值理念。这种理念甚至创新运用于民族建设发展上。2014年5月，习近平在第二次中央新疆工作座谈会上首

---

① （汉）董仲舒撰，张世亮、钟肇鹏、周桂钿译注：《春秋繁露》，中华书局，2012年，第610页。

② 习近平：《之江新语》，浙江人民出版社，2007年，第150页。

③ 习近平：《在中国国际友好大会暨中国人民对外友好协会成立60周年纪念活动上的讲话》，《光明日报》2014年5月16日第1版。

次提出"中华民族共同体"。2021 年 8 月，习近平在中央民族工作会议上进一步指出："必须以铸牢中华民族共同体意识为新时代党的民族工作的主线……不断推进中华民族共同体建设。"① 历史上无数事实证明，和合理念和思维最能体现对生命的尊重和文明的延续，最符合人类社会发展的规律性，而暴力的理念和方式会践踏文明和破坏人类持续发展和历时趋势。天人相合的自然观、协和万邦的天下观、和而不同的社会观、人心和善的道德观与中华民族共同体建设深度契合，对推动中华民族共同体建设也具有独特的时代价值②。中华民族共同体建设和构建世界人类命运共同体，正是在新时代提炼与研究和合思想和理念的基础上，适应时代要求、顺应时代发展大趋势的创造性转化和创新性发展。

可见，发展到今天，中华文明突出的和平性有着十分丰富的内涵，表现在人与人之间、人与社会之间、人与自然之间、国家与国家之间各个方面，是中国优秀传统文化和价值理念基础上的传承发展。包括"和善相亲"人人之间的道德观、"和而不同"人与社会之间的社会观、"天人合一"人与自然之间的宇宙观、"和谐万邦"国与国之间的天下观。

3. 和平性是中华文明处世共生哲学与世界交往原则

对于某一考古学文化而言，文化互动的结果直接表现为周边诸考古学文化先进因素不断汇聚，所谓海纳百川、有容乃大，这是中

---

① 习近平：《以铸牢中华民族共同体意识为主线　推动新时代党的民族工作高质量发展》，《人民日报》2021 年 8 月 29 日。

② 方盛举、杨睿哲：《和合文化与中华民族共同体建设》，《理论与改革》2023 年第 7 期。

华文明和平、和合或融合特质的直接体现。距今4500年以后的龙山时代，文化间的融合与交流在中心或都邑性遗址中的表现达到一次高峰，甚至形成一波浪潮。陶寺文化出土的铜器及双耳陶罐，显然与甘青地区的齐家文化甚至以西更远的欧亚草原地带有一定关系；陶寺文化形式多样、装饰绚丽的几何纹饰陶器，很可能来源于东北方向的小河沿文化；陶寺文化常见的玉石钺、璧、琮等，应属于良渚文化或黄河下游海岱地区的大汶口-龙山文化系统，陶寺文化中礼器性质的鼍鼓、部分圆点纹彩陶以及随葬猪下颌骨习俗等应源于大汶口-龙山文化系统；陶寺文化酒礼器的"粗体觚"，与江汉平原石家河文化的同类器十分相似，而王级大墓中出土的玉兽面又与肖家屋脊文化多见的兽面属于同类形制与技术（图159）。龙山时代的晋陕高原石峁文化与陶寺文化之间在陶器、玉器、铜器、乐器、建筑技术等各方面存在互动交流已是不争的事实。石峁遗址核心区皇城台最新发现石雕图像对东北地区石雕传统的吸收十分明显，而一些石雕的兽面与人面饰却又与远在江汉平原的肖家屋脊文化多有相似者（图160）。

至夏代中晚期的二里头文化时期，汇聚融合四方先进文明因素再次达到一个顶峰，并且二里头礼制文明传播辐射至周边以及较广阔区域，这一点已成常识，无须赘述。中国史前文化的多样与多元的客观存在，使得不同文化在互动交流与传播中逐渐形成了较为开放、融合的文明特质。甚至在日常生活中都有明显反映，如在中国史前时期陶器上长期存在一个以日常生活使用的"陶鼎"为代表的"鼎系统"文化，和使用"陶鬲"为标志的"鬲系统"文化。这两种不同的文化与技术系统，经过长期的互动交流，至夏代融合到了二里头文化这同一个社会中。值得注意的是，二里头文化时期又恰

彩陶壶

彩绘折腹陶盆

双耳陶壶

玉璧

玉琮

玉兽面

铜齿轮形器

图159 山西襄汾陶寺遗址出土与其他区域文化有交流关系的器物

0   20厘米

图160　陕西神木石峁遗址出土石雕像和湖北天门肖家屋脊文化玉神面

恰是早期中国文明中心形成的时期。

　　五千多年文明蕴含并形成了"协和万邦""和而不同""文明互鉴、人类命运共同体"等具有历史底蕴、延续进步的深厚思想，和平发展与合作共赢是中华文化优秀基因的生动体现。和平发展是当今全球多元文明的共同世界主题和人类共同价值。和平性是脱离对抗和霸权，更多内涵、更高层次、更大范围而构建的发展意识和文明情怀。和平性不仅体现了中华文明和中华民族发展进程中的韧性，更是中国世界交往体系中的处世原则。

　　总之，中华文明具有突出的和平性，从根本上决定了中华民族交往交流交融的历史取向，决定了中国各宗教信仰多元并存的和谐格局，决定了中华文化对世界文明兼收并蓄的开放胸怀。文化因包容而多元，文明因开放而精彩。当今世界不仅各美其美，更要美美互动，终成美美与共。

三、和平性的形成原因

中华文明突出的和平性是中国万年文化演进和五千多年文明孕育和发展的综合性结果，其原因并不单一，是复杂多样的，既有文化及文明出现形成中的地理生态环境大背景原因，也有文明化进程与发展过程中自我而生的多重内在原因。

1. 农业文明特性与地中观念

为何中华文明会产生突出的"和平性"？从根本上讲，和合思想的产生与原始的农业生产密切相关。以稳定的农业为基础的文化与社会因其生态和人文的复杂性、多样性而面临更大的压力与挑战，社会更多地注重协作、组织、管理，观念上重视和谐、和合及顺应自然（或天人合一），必然形成族群的强烈内聚、凝聚、包容、稳定与持续的特质。这种特质实际上是一种异质的"多元"与同质的"一体"两个方面的矛盾统一体。"平治水土"的史实只能发生于农耕社会，"画九州，启九道"是压力与挑战的应对之术，其结果也必然是"九州咸同"或"万邦协和"。从这个角度而言，中华文明的"多元一体"注重稳定又协作的需要，成为和善与融合骨子里的品质或言文化基因。这显然有别于生态与人文链条单一的游牧文化与脆弱单纯的海洋文化，甚至贸易型的文化与社会。此外，古埃及文明、古罗马文明以及古巴比伦文明的毁灭均与过度垦殖、严重破坏自然生态环境密切相关，而中华文明自其起源与形成的早期就自带了顺应自然和相合相生的生态理念。

和合思想产生与"地中"观念有着一定的内在关系。有学者认

为地中就是清华简《保训》篇中所言的"中"①，即《保训》中提及舜的"求中""得中"和上甲微的"假中""归中"这四个"中"②。既然存在此"中"可求、可得，甚至占卜地中或者"择中"的情况，说明此中最初是一个具体的实物或事物。冯时更将舜的"求中"直接解释为"立表测影，以得地中"③。《周礼·地官司徒》："以土圭之法测土深，正日景，以求地中。……日至之景尺有五寸，谓之地中，天地之所合也……阴阳之所和也，然则百物阜安，乃建王国焉，制其畿方千里而封树之。"④"圭尺"代表着"地中"，而陶寺一带或笼统而言的晋南地区，应该至少是龙山文化晚期人们意识形态上的"地中"所在（图161）。有学者认为清华简《保训》篇讲的是周文王训诫太子发应该像帝舜、上甲微一样敬授民时、祭祀祖先，才能得天命而为天子。帝舜"求中"而后"得中"，是通过推求"中气"以定四时，以"天之历数"敬授民时，进而获得天命⑤。而《尚书·尧典》众所周知主要是记载"历象授时"之事，《论语·尧曰》又言："咨！

　　①　李零：《说清华楚简〈保训〉简中的"中"字》，《中国文物报》2009年5月20日第7版。

　　②　李学勤主编：《清华大学藏战国竹简（壹）》，中西书局，2010年。

　　③　冯时：《〈保训〉故事与地中之变迁》，《考古学报》2015年第2期。

　　④　（汉）郑玄注，贾公彦疏，彭林整理：《周礼注疏》，上海古籍出版社，2010年，第351—353页。

　　⑤　吴国武：《〈保训〉"中"字及相关问题的再思考》，《扬州大学学报（人文社会科学版）》2015年第6期。

图162　山西襄汾陶寺"观象台（复原）"冬至日出

尔舜！天之历数在尔躬，允执其中。四海困穷，天禄永终。"① 可见，"天之历数"与"允执其中"有着密切的内在关系。值得注意的是，恰在陶寺遗址中期小城内考古发现了兼观象授时与祭祀功能为一体的多功能建筑 Ⅱ FJT1②（图162）。依据测年数据，可以说至少4000多年前人们意识中的"地中"已经出现，主要指今陶寺所在晋南一带。可见，地中所在方能天地"合"、阴阳"和"，才能融合协调四方。更为重要的是，中国传统文化强调的是内修，而非外扬和对外的扩张，是内敛的文明，强调是"中"的修养和品性。

---

① （清）阮元校勘：《十三经注疏》，中华书局，1980年，第2535页。
② 中国社会科学院考古研究所山西队、山西省考古研究所、临汾市文物局：《山西襄汾县陶寺城址祭祀区大型建筑基址2003年发掘简报》，《考古》2004年第7期。

2. 文化连续发展是"和平性"形成的基本原因

百年中国考古实践，尤其史前考古的事实告诉我们，中华文明是一个经历了起源、形成以及连续发展的独特文明，有着较为明显的"文明化"的过程，虽然存在复杂多样、非单线进化，甚至文明进程的"断裂"，但个别断裂的区域文明并非彻底消失，其中一些重要的文明因素多被其他区域文明所吸收、融合、改造，作为文明基因的一部分传承下来。

中原地区大体在距今6000年左右庙底沟文化的相关聚落中开始出现社会分化与不平等，这一时期是该区域文明起源的开始，是各种文明要素起源并不断聚积的阶段。之后社会不断发展，社会等级分化不断加剧，历经庙底沟二期文化、龙山文化等阶段，在距今4300多年的龙山文化晚期中原地区内的一些地理单元中出现了十分明显的"国家形态"或言初期的国家，如都邑性质的山西襄汾陶寺遗址具有城址、等级墓地、铜器、文字、礼器、宫殿及礼制建筑等齐备的文明要素，限定在单个自然地理格局的区域文明社会形成了。在经过距今4000年以后新砦文化时期的国家形态的早期发展，至夏代中晚期的二里头文化时期，文明中心地位形成。后经商周时期的巩固与进一步的迅速发展，华夏文明逐步走向辉煌。

长江下游地区在距今6000年左右的崧泽文化早期社会，即已出现较为明显的分层现象，开始迈入文明化进程。崧泽文化之后，该区域在经济、文化、政治结构方面不断发展，社会等级分化不断加剧，从距今5300年开始的良渚文化早期，至距今5000年左右的良渚文化中期始，一系列的重大考古发现，实证此时的良渚社会已进入文明时期。良渚文化晚期，文化日渐衰弱，该地区的良渚社会没有向着统一方向进一步发展而逐渐走向衰亡，所创造的文明形态没有被延续发展或直接传承下来。良渚文化之后相当于夏商时期的马桥文化社会复杂程度不高，长江下游地区文明化进程在这一时期进入了低谷。马桥文化之后，随着周人的南下而将其逐渐纳入中原地区文明和国家一体发展的进程中。

黄河下游的海岱文化区大体从距今6000年左右的北辛文化末期和大汶口文化早期开始出现分层分化的现象，这也是该地区文明化进程的肇始时期。至大汶口文化中期、晚期时，社会文明因素得到不断积累发展。距今4500年左右的龙山文化时期城址更多地出现，有着复杂分化的聚落群和超大型墓葬等，表明当时社会阶层和等级分化严重，社会组织和结构复杂，王者雏形初现，礼制初步形成，社会进入了国家形态，海岱地区古代文明社会形成（图163）。需要注意的是，整个海岱地区的社会发展并不平衡，也未出现像良渚社

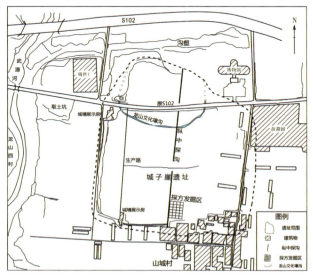

图163　山东章丘城子崖遗址龙山文化环壕及城垣剖面

会一样的绝对的文化与社会的中心区域。龙山文化之后的岳石文化时期，文化急剧衰退也是大家的共识。商周时期海岱地区逐渐为商周文明所辐射控制。

用宏观发展的眼光看，中华文明是持续发展、螺旋式上升的文明，是世界原生文明中唯一延绵不断、延续至今的古老文明。上万年的文化持续发展，尤其五千多年文明连续演进的历程，产生了文化的厚重和博大精深，以及稳定发展的永久需求，这样的特质显然会使得这个文明更加注重稳定，崇尚和平和持续发展。

3. 品质务实创新是"和平性"形成的内在动因

近年来，中国在探索文明和国家起源问题的研究过程中，取得了许多重要考古发现与丰硕的研究成果，其中以良渚、陶寺、石峁、二里头等都邑性遗址为代表的众多区域文化就是中华早期文明的"基因组"和"基因链"。值得注意的是，这些早期中国区域文化对其他文明因素的吸收融合大多不是简单地复制性效仿，而是进行了相当程度的改造和创新。良渚文明最具特色而又技艺高超的玉器不是无源之水，其对之前江淮地区凌家滩文化玉器制作工艺的吸收是显而易见的，由凌家滩到良渚是一种"重组"与"整合"。良渚文化衰落或社会崩溃之后，其留下的用玉表达奢侈和宗教威望的文化遗产和观念，通过临近海岱地区的淮河流域大汶口晚期文化的融合，强化"礼"的内涵后向中原地区乃至更广阔的龙山社会扩散。并与大体同时的西来南下的冶金技术、新物种、新认识交汇，聚变形成更为先进的政治文明与社会，如陶寺社会以及石峁社会等。陶寺文化广泛地扬弃式吸收外来先进文明因素，创造性使用范铸铜容器，成为辉煌的夏商周三代青铜铸造技术之始。良渚文化之后散见于包括陶寺所在的中原龙山文化体系的玉石琮、璧、钺，一般形体矮小，纹饰简单，而未见到如良渚琮上繁缛的神人兽面及鸟纹，改造形成了"陶寺式"玉钺、璧、琮，并创新出多璜联璧、组合头饰、组合腕饰等新的象征物以凝聚族群。其中陶寺早期大墓中玉石钺主孔、副孔、散孔的多穿孔特点，以及顶端不平（图164），缺角与带缺口凹槽及彩绘装饰木柄的特色，并不是传承下来的本区域之前的传统风格，而显然是互动交流、融合创新的结果。

图164　山西襄汾陶寺出土绿松石腕饰和多孔玉钺

更为重要的是，中国在距今四五千年前文明形成关键期时期的"务实"品质逐渐成为文化与社会的主流。这一点或许在更早些的海岱地区大汶口文化中晚期已经表现出来，最能反映文化与社会务实特质的是这一时期的中原地区，尤其是陶寺文化。以陶寺遗址为代表的陶寺文化中，少见宗教性大型建筑，却舍得花力量修建城池，"筑城造郭"，用于防御外敌的入侵。即使一些与祭祀有关的器具也多同时是以饮器、食器等容器为主的礼器。前文提到的在陶寺遗址中期小城内考古发现了具有系统"观象授时"功用的大型夯土建筑，该建筑经过多年实测与研究，推测可以观测4000多年前的20个节气。此外，陶寺中期王墓M22中出土漆杆的功能，很有可能是测量日影的圭尺。所谓观象授时，所授的是与物候密切相关的"农时"，着力在"农事"，即主要用于指导当时农耕种植，发展农业经济。而农业是中国古代最基本的经济形式，是中国古代社会生产与生活的支撑。显然，陶寺文化时期，重视农业生产就是最大的"务实"。陶寺社会集团的统治者们似乎在宗教祭祀方面的投入与经营相对较少些，而将主要力量放在生产性劳动领域，作风务实，并致力于礼制的建立，这就在客观上有利于其实力的积蓄和可持续发展。

中华文明从起源、形成及发展过程中就一直具有应对挑战而不断开拓创新的品质，这是其多元一体文化的主体特点和旺盛生命力，正如习近平总书记所说："连续不是停滞、更不是僵化，而是以创新为支撑的历史进步过程"，"对历史最好的继承就是创造新的历史，对人类文明最大的礼敬就是创造人类文明新形态。"[①]

4. 大一统思想是"和平性"形成及发展的精神追求

今天中国地域范围内，史前时期每一个地理单元或地区，如燕辽地区、海岱地区、长江中游地区、长江下游地区、中原地区等都有着各自区域内的考古学文化序列，存在多元的文化，甚至区域文化各有特色，有着相对独立的发展过程。这种史前考古学文化上的最大特征被严文明称为重瓣花朵式的"多元一体"结

---

① 习近平：《在文化传承发展座谈会上的讲话（2023年6月2日）》，《求是》2023年第17期。

构①。考古学文化上的多元一体是中华文明演进的文化根基，从中华文明长期的发展轨迹和最终结果来看，这些"多元文明"最终走向了"一体"，也就是说"多元"与"一体"是非同时的。"多元"与"一体"是文明化进程中的不同阶段，是一个多元演进并逐渐走向一体的过程。尤其在龙山文化末期，周围地区的文化与社会相继衰落或中断，其文明化的进程遭遇挫折，而中原地区的文明脱颖而出。至二里头文化二期以后，中原地区作为中华文明中心的地位开始确立，二里头文明开始向周围地区广泛辐射，周围地区的文明化进程或多或少地改变了方向，从原来以自己独立发展为主的轨道，改变为以中原地区为核心的共同发展的轨道上来，多元走向了一体，中华文明的"一体"开始初步形成。至商周时期，各地逐渐融入了以中原为主体的华夏文明之中，但同时又存在着文化的多元。所以，中华文明起源与形成是从"无中心的多元"到"有中心的多元一体"②。多元一体文明模式的持续发展演进必然产生中华文明的统一性。

和善、包容、融合、多元为内涵的和合思想的发展产生了中国早期的"大一统"观念。陶寺文化之后，二里头文化在中原地区兴起。二里头文化在极短的时间内吸收了各地的文明因素，分布范围突破了先前中原龙山文化系统诸考古学文化类型分布于各自然地理单元的制约，而在空间上涵盖了数个先行文化的分布地域③，几乎分布于整个黄河中游地区，在文化上出现了较大地域内的统一，这应

---

① 严文明：《中国文明起源的探索》，《中原文物》1996年第1期。

② 高江涛：《从百年考古看中华文明独特文化基因》，《光明日报》2021年12月6日第14版。

③ 许宏：《略论二里头时代》，《2004年安阳殷商文明国际学术研讨会论文集》，社会科学文献出版社，2004年，第366—371页。

图165　四川广汉三星堆遗址出土青铜尊

是中国早期一统观念的产生在考古学文化上的反映。需要强调的是，这种考古学文化上的反映正是中华早期文明"多元一体"的模式，即使是发展到了比较成熟的商代，也存在文化的多元，如商王朝之外，仍然存在主体为商文化的三星堆等文明（图165）。然而，走向统一是文化及文明发展和演进的必然趋势。

此外，史前多元文化之间已经存在密切的互动交流，包括冲突在内的文化交流互动会最终形成文化同质与文化认同，广泛、多样、复杂的文化融合、和合自然会形成内涵丰富、多彩、繁盛的文化大认同。同时，在意识形态上形成跨越地理单元甚至跨越文化的共识，而成为一种文明的"中心"。这种文明中心在地理空间的合法性基础上，还会进一步成为意识上"正统"，并以"文化基因"血脉相传。"相互作用圈"的结果必然是"满天星斗"聚合成具有强大核心的星团星系。

考古学文化背后实际上是人群或族群创造的文化共同体，考古学文化的聚合和一统反映的也是族群的融合和统一。2019年9月，在全国民族团结进步表彰大会上，习近平总书记特别指出："一部中国史，就是一部各民族交融汇聚成多元一体中华民族的历史，就是各民族共同缔造、发展、巩固统一的伟大祖国的历史。"[1]

---

① 习近平：《在全国民族团结进步表彰大会上的讲话》，《人民日报》2019年9月28日第2版。

四、小结

中华文明突出的和平性是历史发展的必然，也是当今社会和当代国际关系发展的必然。新时代的和平发展理念是在中华传统文化和平理念及和合思想的基础上继承和创新发展而成的。习近平总书记指出"有着5000多年历史的中华文明，始终崇尚和平，和平、和睦、和谐的追求深深根植于中华民族的精神世界之中，深深溶化在中国人民的血脉之中"[①]。

新时代的和平性是仁者爱人的道德情怀、以和为贵的邦交理念、美美与共的文明互鉴三位一体的大和平发展理念。《周礼·春官宗伯》言"以和邦国，以谐万民，以安宾客，以说远人"[②]，"以和为贵"是中华民族在不同历史时期政治实践中凝练的根本行为准则。2023年12月3日，国家主席习近平向首届"良渚论坛"致贺信，指出中华文明开放包容、兼收并蓄，不断丰富发展、历久弥新，不断吸取世界不同文明的精华，极大丰富了世界文明百花园。他强调相互尊重、和衷共济、和合共生是人类文明发展的正确道路。

新时代的和平性是与中华民族现代文明有机结合的重要特性。在新的时代有了创新性的发展，是新时代和平发展理念的新践行和新实践。2021年9月21日，习近平总书记在第七十六届联合国大会一般性辩论上强调："中华民族传承和追求的是和平和睦和谐理念。我们过去没有，今后也不会侵略、欺负他人，不会称王称霸。

---

① 习近平：《习近平谈治国理政》，外文出版社，2014年，第265页。
② （清）阮元校勘：《十三经注疏》，中华书局，1980年，第788页。

中国始终是世界和平的建设者、全球发展的贡献者、国际秩序的维护者、公共产品的提供者，将继续以中国的新发展为世界提供新机遇。"①需要强调的是，人类命运共同体构建是中华文明和平性的新时代践行和必然结果，这是我们在探索中国特色社会主义道路中得出的规律性认识。在世界多极化、经济全球化、社会信息化、文化多样化的当今时代，各国共处一个地球、一个世界，国际社会日益成为一个你中有我、我中有你的"命运共同体"。习近平总书记的有关人类命运共同体的系列讲话，展现出一个与日俱新东方大国的博大胸襟。

总之，和平性是中华文明五大突出特性中最具复杂性、宏观性和实践性的一个方面，不仅是中华文明的文化基因，也是中华文明博大精深与一脉相承的直接体现，更是中华文明独树一帜与独特品质的内在原因。和平性充分体现了历史性和现实性的统一，民族性和世界性的统一。历经几千年连续发展，因循时代特点和变迁而不断创新，终成全球与人类的共识和憧憬。文明因和平得以传继，因和平而多彩。九州共贯，六合同风，和平发展，理想世界。

---

① 习近平：《坚定信心　共克时艰　共建更加美好的世界》，《人民日报》2021年9月22日。

结　语

2023年6月2日，习近平总书记在文化传承发展座谈会上发表的重要讲话，全面、系统、深刻地揭示了中华文明"五个突出特性"，即突出的连续性、突出的创新性、突出的统一性、突出的包容性、突出的和平性，成为迄今为止对中华文明特征最为准确、最为凝练、最为精辟的概括和总结。中华文明"五个突出特性"一经报道，立刻引起了学术界的共鸣，哲学社会科学界学者们纷纷撰文，阐释中华文明"五个突出特性"这一重大原创理论的历史价值和当代价值。

本书结合最新的考古发现和研究成果，对中华文明突出的连续性、突出的创新性、突出的统一性、突出的包容性、突出的和平性进行了考古学实证，同时细致解读每一个突出特性的内在特质、深入剖析其形成原因，对于深入了解中华五千多年文明史，深刻理解中国道路的历史必然性、文化内涵与独特优势，有效推动中华优秀传统文化创造性转化、创新性发展，有力推进中国特色社会主义文化建设，建设中华民族现代文明均有极为重要的理论和实践意义。

需要说明的是，本书从考古学角度对中华文明"五个突出特性"的实证性阐释，只是阶段性的成果。习近平文化思想本身就是一个不断展开的、开放式的思想体系，作为习近平文化思想重要组成部分的中华文明"五个突出特性"的重要论述，也将随着时代的发展注入新的历史内涵和时代价值。从考古学角度的阐释工作也必将随着学术界对中华文明"五个突出特性"认识的日渐深入而不断深化。

考古学研究以田野考古发掘的实物资料为基础，因此考古学的相关认识会随着新的考古发现和研究而不断深化。同时，随着学科融合的不断深入，多视域、多角度、多层面的分析研究，概念创新、理论创新、方法创新，系统性、宏观性和整体性研究，必将对考古学研究带来革命性的变化。中华文明突出特性及其历史内涵和时代价值的阐释工作也将根据最新的考古发现和多学科融合研究的成果逐步深入。

本书作为第一部从考古学角度阐释中华文明"五个突出特性"的实证性著作，是目前为止学界对中华文明"五个突出特性"最为全面、最为系统、最为深入的阐释著作。这也是本书列入中国社会科学院中华民族现代文明研究阐释工程重大项目和《建设中华民族现代文明研究丛书》的重要原因。

　　本书的组织撰写、编辑出版是考古学领域有组织科研的积极探索。首先，这是一次考古学者集中阐释习近平文化思想的重要学术实践，对今后从考古学角度研究、阐释习近平文化思想的历史价值和当代价值，推动中华优秀传统文化创造性转化、创新性发展，推动文化繁荣、建设文化强国、建设中华民族现代文明具有示范意义。其次，这也是组织考古学者集中阐释习近平文化思想的一次重要尝试，为今后组建跨学科团队，从多学科视角开展综合性、理论性的阐释研究工作，探索建立全方位、成系统地用考古学的理论、方法阐释中华民族现代文明研究体系积累宝贵经验。

　　习近平总书记提出中华文明具有"五个突出特性"，提出"第二个结合"，是对中华文明发展规律的深刻把握。新时代中国考古学要深化研究中华文明特质和形态，深入研究阐释中华文明起源所昭示的中华民族共同体发展路线和中华民族多元一体演进格局，研究阐释中华文明讲仁爱、重民本、守诚信、崇正义、尚和合、求大同的精神特质与发展形态，阐明中国道路的深厚文化底蕴，加快构建中国特色考古学学科体系、学术体系、话语体系，立足于世界前沿，为人类文明新形态建设提供理论支撑。

　　泱泱华夏，巍巍中华。中华文明正像一条日夜奔腾不息的长河，起于涓微，汇聚百川，历经五千多年的风雨砥砺，成长为一往无前的浩荡渊流。站在新的历史起点，我们要继续走好自己的路，立足中华文明的突出特性，深化对中华文明发展规律的认识，认清当代中国所处的历史方位，明确我们所推进和拓展的中国式现代化深深植根于中华优秀传统文化，是赓续古老文明而不是消灭古老文明的现代化，是从中华大地长出来而不是照搬照抄其他国家的现代化，是文明更新的结果而不是文明断裂的产物。不断推进马克思主义与中华优秀传统文化的结合，将传统文明与现代文明有机衔接，不断推进中华优秀传统文化的创造性转化、创新性发展，不断推进理论创新、实践创新、制度创新、文化创新，以此坚定文化自信、增强历史自觉，在承前启后、继往开来中创造属于我们这一代人的历史伟业。

后　记

　　组织编著《文明中国——中华文明突出特性的考古学阐释》，是中国历史研究院深入学习贯彻习近平总书记在文化传承发展座谈会上的重要讲话精神的具体实践，旨在对中华文明突出的连续性、创新性、统一性、包容性、和平性的产生原因、相互关系和当代价值进行整体性、系统性、学理性研究阐释，揭示中华文明源远流长、博大精深的内在特质，为弘扬中华优秀传统文化、增强历史自觉、坚定文化自信注入精神力量。

　　中国社会科学院院长、党组书记，中国历史研究院院长、党委书记高翔对本书编著给予高度重视和有力指导，对提高书稿编著质量提出明确要求。本书列入中国社会科学院中华民族现代文明研究阐释工程重大项目和《建设中华民族现代文明研究丛书》，由考古研究所党委作为专项任务具体落实，以有组织科研方式实施，于2024年1月底正式启动，成立了编写工作组。中国历史研究院考古研究所党委书记张国春编审主持该项目并全面协调、组织部署编著工作，确定编著框架和写作风格。中国历史研究院副院长刘国祥研究员参与选题策划、撰写和组织审校工作。骨干编著人员从考古研究所优秀研究人员中遴选，具体分工如下："中华文明的连续性"由何毓灵撰写；"中华文明的创新性"由彭小军撰写；"中华文明的统一性"由刘瑞撰写；"中华文明的包容性"由仝涛撰写；"中华文明的和平性"由高江涛撰写;总论由刘国祥牵头撰写。

本书编著立足于严谨的学理性阐释,辅以有代表性的精美考古文物图片,展示了中华文明的深厚底蕴和灿烂成就。本书收录的考古文物图片主要来源于《庙底沟与三里桥》《汉长安城未央宫1980—1989年考古发掘报告》《南海Ⅰ号沉船考古发掘报告之二——2014—2015年发掘》《中国考古学·夏商卷》《中国考古学年鉴》《中国出土青铜器全集》《中国出土玉器全集》《中国出土彩陶全集》《中国出土壁画全集》《山西珍贵文物档案》《中国美术全集》等已出版刊布的考古报告、发掘简报、学术专著和学术资料,还得到了考古研究所各考古工作站队、考古杂志社、中国考古博物馆、中国历史研究院图书档案馆、科学出版社、浙江省文物考古研究所、湖北省文物考古研究院、西藏自治区文物保护研究所、西安市文物保护考古研究院、甘肃省文物考古研究所、青海省文物考古研究所、青海省海西州民族博物馆等单位和部门的友情支持,在此一并致谢。

截至交付出版前,本书编写工作组共组织了五轮集中讨论,并邀请相关专家进行了三轮审稿,对本书的体例、大纲和内容进行了多次打磨修订。刘庆柱、王巍、王子今、冯时、魏坚、苏荣誉、戴向明、韩建业等多位学界资深专家审读书稿并提出了诸多宝贵意见,郭物、王涛、吕鹏、黄益飞等知名学者对书稿进行了全面审读和润色完善。黄益飞、李斌、崔嘉宝等同志参与了总论撰写与通读审校,栗媛秋、刘清尘等同志承担了学术联络与编务工作,颜阳、李锋、何馨为本书组织保障提供了有力支持,吴尘昊、韩慧玉、秦心一、张笑寒等同志参与了图片资料补充工作。中国社会科学院科研局有关部门对本书列入"建设中华民族现代文明研究丛书"做了大量协调沟通工作。

本书编辑出版得到了科学出版社的大力支持。中国科技出版传媒股份有限公司（科学出版社）闫向东副总经理亲自督导，科学出版社文物考古分社社长孙莉全程负责本书的统稿、编辑、审校工作，出版社各部门同志投注了大量心血。正是由于编辑人员的专业素养与敬业精神，本书的质量和出版节奏才得到了有效保证，能够按期付梓。

在此谨向为本书高质量编著出版尽心竭力的所有同志致以衷心的感谢！

本书编著参考了许多先贤今哲的论著，并引用了大量图文资料，然限于体裁，未能在书中一一注明，敬请见谅。由于时间仓促，本书难免有不尽完善之处，敬请广大读者批评指正。

编 者

2024 年 5 月